Langenscheidt

Sprachführer Japanisch

Mit Reisewörterbuch und Kurzgrammatik

Langenscheidt

Berlin · München · Wien · Zürich · New York

Herausgegeben von der Langenscheidt-Redaktion
Bearbeitet von Dr. Martina Ebi
Grafik-Design: Kathrin Mosandl
Redaktion: Gabriela Lindner

Bildnachweis:
Ebentheuer, H.: S. 13, 17, 39, 48, 57, 64, 66, 69, 87, 89, 101, 116, 123, 137, 147, 148, 157, 169, 171, 174, 179, 180, 192, 195, 207; Japan National Tourist Organization: S. 73, 81, 141, 155, 165; Lindner, G.: S. 25, 31, 41, 45, 52, 63, 75, 76, 78, 84, 92, 105, 109, 113, 120, 127, 151, 159, 176, 184, 199, 203

Umwelthinweis: gedruckt auf chlorfrei gebleichtem Papier

Satz: Claudia Wild, Stuttgart
Printed in Germany
ISBN 978-3-468-22192-7
www.langenscheidt.de

09020

21	二十一 nijūichi
22	二十二 nijūni
23	二十三 nijūsan
24	二十四 nijūyon
25	二十五 nijūgo
26	二十六 nijūroku
27	二十七 nijūnana
28	二十八 nijūhachi
29	二十九 nijūkyū, nijūku
30	三十 sanjū
31	三十一 sanjūichi
32	三十二 sanjūni
40	四十 yonjū
50	五十 gojū
60	六十 rokujū
70	七十 nanajū
80	八十 hachijū
90	九十 kyūjū
100	百 hyaku
101	百一 hyakuichi
102	百二 hyakuni
110	百十 hyakujū
111	百十一 hyakujūichi
120	百二十 hyakunijū
200	二百 nihyaku
300	三百 sanbyaku
400	四百 yonhyaku
437	四百三十七 yonhyaku sanjūnana
1 000	千 sen
2 000	二千 nisen
10 000	一万 ichiman
100 000	十万、１０万 jūman
1 000 000	百万、１００万 hyakuman

► *Zähleinheitswörter,* Seite 216

Das Allerwichtigste

Guten Tag!	今日は！ konnichi wa.
Guten Abend!	今晩は！ konban wa.
Auf Wiedersehen!	さようなら！ sayōnara.
…, bitte!	お願いします。 o-negai shimasu.
Danke!	どうも有難う! dōmo arigatō.
Ja.	はい。 hai.
Nein.	いいえ。 iie.
Entschuldigen Sie!	すみません！ sumimasen!
Rufen Sie schnell einen Arzt / Krankenwagen!	医者 / 救急車を早く呼んでください。 isha / kyūkyūsha o hayaku yonde kudasai.
Wo ist die Toilette?	お手洗いはどこですか。 o-tearai wa doko desu ka?
Wann?	いつ? itsu?
Was?	何? nani?
Wo?	どこ? doko?
Haben Sie …?	… がありますか。 … ga arimasu ka?
Ich möchte …	… たいのですが。 … -tai no desu ga.
Was kostet das?	それはいくらですか。 sore wa ikura desu ka?
Wo ist …?	… はどこですか。 … wa doko desu ka?

Inhalt

Reisen mit Kindern 69

Behinderte 75

Kommunikation 81

Essen und Trinken 87

Einkaufen 109

Sport und Entspannung ____ 141

Kultur und Nachtleben ____ 157

Behörden ____ 171

Sätze, die Sie nicht selber sagen werden, die man aber vielleicht zu Ihnen sagt, haben wir in umgekehrter Sprachrichtung (also links Japanisch, rechts Deutsch) aufgenommen.

おいしいですか。 oishii desu ka?	Schmeckt es Ihnen / dir?
Danke, sehr gut.	ええ、とてもおいしいです。 ee, totemo oishii desu.

Essen und Trinken: weitere Wörter

Abendessen	晩ご飯 bangohan
Aschenbecher	灰皿 haisara
Besteck	ナイフとフォーク naifu to fōku
bestellen	注文する chūmon suru
bezahlen	払う harau
bezahlen, getrennt	別々に払う betsubetsu ni harau
bezahlen, zusammen	一緒に払う issho ni harau
Essstäbchen	（お）箸 (o-)hashi
Fisch	魚 sakana
Fleisch	肉 niku
frisch	新鮮（な） shinsen (na)

Wenn einem Substantiv ein お o in Klammern vorangestellt ist, kann es mit oder ohne お o verwendet werden. Diese Vorsilbe drückt Respekt aus, dient aber manchmal nur zur sprachlichen Verschönerung.

Die Endung in Klammern bei manchen Adjektiven wird nur verwendet, wenn es vor einem Substantiv steht: shinsen na sarada "ein frischer Salat". Als Prädikat nimmt es die Endung nicht an: sarada wa shinsen desu ka? "Ist der Salat frisch?"

Benutzerhinweise

Bei Auslassungspunkten in einem Satz können Sie das einsetzen, was Sie gerade sagen möchten. Passende Ergänzungen finden Sie in der Liste „weitere Wörter“ zu jedem Abschnitt oder Kapitel.

Oft stehen mehrere Möglichkeiten, einen Satz forzuführen, unter dem Satz. Setzen Sie die passende Ergänzung in die Lücke mit den drei Punkten ein.

Darf ich bekannt machen? Das ist …	ご紹介します。こちらは … です。 go-shōkai shimasu. kochira wa … desu.
– mein Mann.	– 主人 shujin
– meine Frau.	– 家内 kanai
– mein Freund.	– 彼氏 kareshi
– meine Freundin.	– 彼女 kanojo
Sind Sie alleine hier?	お一人ですか。 o-hito
Ich bin mit … hier.	… と一緒に来ていま … to issho ni kite imasu g

Alle Sätze und Wörter sind in japanischer Schrift zum Zeigen und in Umschrift angegeben.

Sich verabreden

Treffen wir uns heute Abend / morgen?	今晩 / 明日会いませんか。 konban / ashita aimasen ka?

Manchmal sind in einem Satz zwei verschiedene Möglichkeiten angegeben. Diese sind unterstrichen und mit Schrägstrich getrennt. Sie müssen sie dann entsprechend auflösen, je nachdem, was Sie sagen wollen; also entweder „Treffen wir uns heute Abend?“ konban aimasen ka? oder „Treffen wir uns morgen?“ ashita aimasen ka?

Schrift

Die japanische Schrift setzt sich aus drei verschiedenen Schriftzeichensystemen zusammen:

Mit den **Kanji-Schriftzeichen**, die aus dem Chinesischen übernommen sind, schreibt man Substantive sowie den Samm von Verben, Adjektiven und Adverbien.

Außerdem gibt es noch zwei Silbenschriften, die sich aus jeweils 46 Zeichen zusammensetzen. Mit der **Silbenschrift Hiragana** werden Partikeln, Endungen von Verben und Adjektiven, Konjunktionen u.ä. geschrieben. Mit der **Silbenschrift Katakana** werden hauptsächlich Fremdwörter wiedergegeben.

Hiragana-Tabelle

あ	い	う	え	お
a	i	u	e	o
か	き	く	け	こ
ka	ki	ku	ke	ko
さ	し	す	せ	そ
sa	shi	su	se	so
た	ち	ツ	て	と
ta	chi	tsu	te	to
な	に	ぬ	ね	の
na	ni	nu	ne	no
は	ひ	ふ	へ	ほ
ha	hi	fu	he	ho
ま	み	む	め	も
ma	mi	mu	me	mo
や		ゆ		よ
ya		yu		yo

ら	り	る	れ	ろ	
ra	ri	ru	re	ro	
わ				を	ん
wa				o	n

Katakana-Tabelle

ア	イ	ウ	エ	オ	
a	i	u	e	o	
カ	キ	ク	ケ	コ	
ka	ki	ku	ke	ko	
サ	シ	ス	セ	ソ	
sa	shi	su	se	so	
タ	チ	ツ	テ	ト	
ta	chi	tsu	te	to	
ナ	ニ	ヌ	ネ	ノ	
na	ni	nu	ne	no	
ハ	ヒ	フ	ヘ	ホ	
ha	hi	fu	he	ho	
マ	ミ	ム	メ	モ	
ma	mi	mu	me	mo	
ヤ		ユ		ヨ	
ya		yu		yo	
ラ	リ	ル	レ	ロ	
ra	ri	ru	re	ro	
ワ				ヲ	ン
wa				o	n

Aussprache

Zur Angabe der Aussprache des Japanischen haben wir in diesem Sprachführer die Hepburn-Umschrift gewählt, die auch in den meisten Lehrbüchern verwendet wird. Die Hepburn-Umschrift ist in Anlehnung an das Englische entstanden. Deutsche Muttersprachler sollten daher die Aussprache der folgenden Buchstaben besonders beachten. Alle anderen Buchstaben werden ähnlich wie im Deutschen ausgesprochen.

Konsonanten

y	wie y in *Yacht*
z	stimmhaft wie z in Englisch *zoom*
j	stimmhaft wie j in Englisch *jungle*
r	ist eine Mischung aus Deutsch l, d und r
hi	wie das chi in der Koseform von Michael *Michi*
chi	wird wie tsch in *Matsch* ausgesprochen
sh	wird ähnlich wie Deutsch sch gesprochen, die Zunge ist dabei jedoch flach unten im Mund
fu	ein Laut zwischen hu und fu

Vokale

u	die Lippen sind nicht gerundet, sondern gespannt
ei	wird als langes e ausgesprochen wie in *Kehle*

Im Japanischen unterscheidet man kurze und lange Vokale. Langvokale sind durch einen Dehnungsstrich gekennzeichnet: ā, ī, ū, ē, ō.

Die Vokale **i** und **u** werden zwischen zwei stimmlosen Konsonanten und am Ende eines Wortes nicht ausgesprochen. So wird **desu** (ist) wie "des" ausgesprochen und **deshita** (war) wie "deshta". In der Umschrift wird dies nicht angegeben.

Erste Kontakte

Guten Tag!
今日は。

Wie geht es Ihnen?
お元気ですか。

Sich verständigen

Sprechen Sie Deutsch?	ドイツ語が話せますか。 doitsu-go ga hanasemasu ka?
Sprechen Sie Englisch?	英語が話せますか。 ei-go ga hanasemasu ka?
Gibt es hier jemanden, der Deutsch spricht?	ドイツ語が話せる方がいますか。 doitsu-go ga hanaseru kata ga imasu ka?
Gibt es hier jemanden, der Englisch spricht?	英語が話せる方がいますか。 ei-go ga hanaseru kata ga imasu ka?
Haben Sie verstanden?	分かりましたか。 wakarimashita ka?
Ich habe verstanden.	分かりました。 wakarimashita.
Ich habe das nicht verstanden.	分かりません。 wakarimasen.
Könnten Sie bitte etwas langsamer sprechen?	もう少しゆっくり話してくれませんか。 mō sukoshi yukkuri hanashite kuremasen ka?
Könnten Sie das bitte wiederholen?	繰り返してくれませんか kurikaeshite kuremasen ka?
Wie heißt das auf Japanisch?	それを日本語で何と言いますか。 sore o nihongo de nan to iimasu ka?
Was bedeutet …?	… の意味は何ですか。 … no imi wa nan desu ka?
Könnten Sie es mir bitte aufschreiben?	書いてもらえませんか。 kaite moraemasen ka?

Sich begrüßen und verabschieden

info Bei japanischen Namen wird üblicherweise zuerst der Familienname und dann der Vorname angegeben. Denken Sie daran, wenn Sie jemanden namentlich ansprechen, damit Sie nicht statt des Nachnamens den Vornamen erwischen.

Statt unserer Anrede "Herr" und "Frau" verwendet man im Japanischen für beide Geschlechter さん san. Es wird an den Namen angehängt. Man redet sich – abgesehen von Familienmitgliedern und sehr guten Freunden – mit dem Nachnamen an.

Guten Tag!	今日は。 konnichi wa.
Guten Abend!	今晩は。 konban wa.
Gute Nacht!	お休みなさい。 o-yasumi nasai.
Wie geht es Ihnen / dir?	お元気ですか。 o-genki desu ka?
Wie geht's?	元気。 genki?
Danke, gut. Und Ihnen / dir?	おかげさまで、元気にしています。そちらは。 o-kage-sama de, genki ni shite imasu. sochira wa?
Es tut mir leid, aber ich muss jetzt gehen.	すみませんが、そろそろ行かなければなりません。 sumimasen ga, sorosoro ikanakereba narimasen.
Auf Wiedersehen!	さようなら。 sayōnara.
Bis bald!	それではまた。 sore dewa mata.

Bis morgen!	また明日。 mata ashita.
Tschüs!	バイバイ。 baibai.
Schön, Sie / dich kennengelernt zu haben.	会えて、よかったです。 aete, yokatta desu.
Vielen Dank für den netten Abend / Tag.	今夜 / 今日はどうもありがとうございました。 konya / kyō wa dōmo arigatō gozaimashita.

Sich kennenlernen

Sich bekannt machen

info Wenn Sie eine unbekannte Person treffen, begrüßen Sie sie mit 初めまして hajimemashite, was in etwa "freut mich, Sie kennenzulernen" entspricht. Nachdem Sie sich selbst vorgestellt haben, enden Sie mit der Floskel どうぞよろしく dōzo yoroshiku.

Wie heißen Sie / heißt du?	お名前は何ですか。 o-namae wa nan desu ka?
Ich heiße …	… と申します。 … to mōshimasu.
Darf ich bekannt machen? Das ist …	ご紹介します。こちらは … です。 go-shōkai shimasu. kochira wa … desu.
– mein Mann. – meine Frau. – mein Freund. – meine Freundin.	– 主人 shujin – 家内 kanai – 彼氏 kareshi – 彼女 kanojo
Woher kommen Sie / kommst du?	ご出身はどちらですか。 go-shusshin wa dochira desu ka?

Ich komme aus …	… から来ました。 … kara kimashita.
– Deutschland. – Österreich. – der Schweiz.	– ドイツ doitsu – オーストリア ōsutoria – スイス suisu
Wie alt sind Sie / bist du?	何歳ですか。 nansai-ikutsu desu ka?

info Altersangaben bildet man mit den sino-japanischen Grundzahlen und dem Zähleinheitswort 歳 sai. 一 1 wird dabei als is ausgesprochen und 八 8 als has. Für 20 Jahre gibt es ein eigenes Wort: ２０歳 hatachi.

Ich bin … alt.	… です。 … desu.
– 18 Jahre – 31 Jahre – 56 Jahre	– 18歳 jūhas-sai – 31歳 sanjūis-sai – 56歳 gojūroku-sai
Sind Sie / Bist du verheiratet?	結婚していますか。 kekkon shite imasu ka?
Haben Sie / Hast du Kinder?	お子さんがいますか。 o-ko-san ga imasu ka?
Was machen Sie / machst du beruflich?	お仕事は何ですか。 o-shigoto wa nan desu ka?
Ich bin …	… をしています。 … o shite imasu.

Sich verabreden

► *Zusagen oder ablehnen,* Seite 19

Treffen wir uns heute Abend?	今晩会いませんか。 konban aimasen ka?
Treffen wir uns morgen?	明日会いませんか。 ashita aimasen ka?
Wir könnten etwas zusammen machen, wenn Sie möchten / du möchtest.	もしよかったら、一緒に出かけませんか。 moshi yokattara, issho ni dekakemasen ka?
Wollen wir heute Abend zusammen essen?	今晩一緒に食事をしませんか。 konban issho ni shokuji o shimasen ka?

► *Gemeinsam essen,* Seite 104
► *Abends ausgehen,* Seite 169

Ich möchte Sie / dich einladen.	おごりたいのですが。 ogoritai no desu ga.
Wann / Wo treffen wir uns?	いつ / どこで会いましょうか。 itsu / doko de aimashō ka?
Treffen wir uns doch um … Uhr.	… 時に会いましょう。 … ji ni aimashō.
Ich hole Sie / dich um … Uhr ab.	… 時にお迎えに行きます。 … ji ni o-mukae ni ikimasu.
Ich bringe Sie / dich nach Hause.	お宅まで送ります。 o-taku made okurimasu.
Sehen wir uns noch einmal?	また会いましょうか。 mata aimashō ka?

Zusagen oder ablehnen

Sehr gerne.	いいですよ。 ii desu yo.
In Ordnung.	大丈夫ですよ。 daijōbu desu yo.
Ich weiß noch nicht.	そうですねー。 sō desu nē.
Vielleicht.	多分。 tabun.
Es tut mir leid, aber ich kann nicht.	すみませんが、都合が悪いです。 sumimasen ga, tsugō ga warui desu.
Ich habe schon etwas vor.	もう予定が入っています。 mō yotei ga haitte imasu.

Flirten

Sind Sie / Bist du alleine hier?	お一人ですか。 o-hitori desu ka?
Ich bin mit … hier.	…と一緒に来ていますが。 … to issho ni kite imasu ga.
Darf ich mich zu dir setzen?	ここに座っていい。 koko ni suwatte ii?
Ich warte auf jemanden.	友人を待っています。 yūjin o matte imasu.
Hast du einen Freund / eine Freundin?	彼氏 / 彼女がいますか。 kareshi / kanojo ga imasu ka?
Du bist wunderschön.	君はきれいだ。 kimi wa kirei da.
Du hast wunderschöne Augen.	目がきれい。 me ga kirei.
Du hast wunderschöne Haare.	髪がきれい。 kami ga kirei.

Du gefällst mir sehr.	あなたのことが気に入っている。	anata no koto ga ki ni itte iru.
Ich mag dich.	あなたのことが好き。	anata no koto ga suki.
Ich liebe dich.	愛している。	ai shite iru.

info Seien Sie eher zurückhaltend mit dieser Äußerung. Denn traditionell gilt es als unschicklich, die eigenen Gefühle sprachlich auszudrücken. Die wahren Gefühle sollen am Verhalten erkennbar sein.

Ich bin gerne mit dir zusammen.	あなたと一緒にいると楽しい。	anata to issho ni iru to tanoshii.
Wann sehen wir uns wieder?	今度いつ会いましょうか。	kondo itsu aimashō ka?
Kommst du mit zu mir?	私のところに来ない。	watashi no tokoro ni konai?
Lassen Sie mich in Ruhe!	ほっておいてよ。	hotte oite yo.

Höfliche Wendungen

Gefallen und Missfallen ausdrücken

Sehr gut!	とてもいいです。	totemo ii desu.
Großartig!	すばらしい!	subarashii.
Das gefällt mir.	気に入っています。	ki ni itte imasu.
Sehr gerne.	いいですよ。	ii desu yo.

Das ist mir egal.	どちらでもいいです。 dochira demo ii desu.
Wie schade!	残念ですね。 zannen desu ne.
Ich würde lieber …	私はどちらかというと… たいです。 watashi wa dochira ka to iu to …-tai desu.
Das gefällt mir nicht.	あれはちょっと気に入りません。 are wa chotto ki ni irimasen.
Das möchte ich lieber nicht.	あれはちょっと遠慮します。 are wa chotto enryo shimasu.
Das ist sehr ärgerlich.	それは困ります。 sore wa komarimasu.
Auf keinen Fall.	だめです。 dame desu.

Bitten und Danken

Vielen Dank.	どうもありがとうございます。 dōmo arigatō gozaimasu.
Darf ich?	よろしいですか。 yoroshii desu ka?
Bitte, …	どうぞ、… dōzo, …
Danke, gerne.	あ、すみません。 a, sumimasen.
Nein, danke.	いいえ、結構です。 iie, kekkō desu.
Könnten Sie mir bitte helfen?	手伝っていただけませんか。 tetsudatte itadakemasen ka?
Vielen Dank, das ist sehr nett von Ihnen.	ご親切にどうもありがとうございます。 go-shinsetsu ni dōmo arigatō gozaimasu.

Vielen Dank für Ihre Hilfe. たいへんお世話になり、ありがとうございました。 taihen o-sewa ni nari, arigatō gozaimashita.

Gern geschehen. どういたしまして。 dō itashimashite.

Sich entschuldigen

Entschuldigen Sie! すみません。 sumimasen!

Das tut mir leid. ごめんなさい。 gomen nasai.

Macht nichts! いいです。 ii desu.

Das ist mir sehr unangenehm. たいへん失礼しました。 taihen shitsurei shimashita.

Das war ein Missverständnis. それは誤解でした。 sore wa gokai deshita.

Erste Kontakte: weitere Wörter

Adresse 住所 jūsho
allein 一人で hitori de
Beruf 仕事 shigoto
bitte (*beim Anbieten*) どうぞ dōzo
…, bitte! (*um etwas*) ください -kudasai
Bruder (*der eigene ältere Bruder*) 兄 ani
Bruder (*der ältere Bruder eines anderen*) お兄さん o-nīsan
Bruder (*der eigene jüngere Bruder*) 弟 otōto
Bruder (*der jüngere Bruder eines anderen*) 弟さん otōtosan

danke	どうも dōmo
einladen (*Fest*)	誘う sasou
einladen (*zum Essen, Getränk*)	おごる ogoru
essen gehen	食べに行く tabe ni iku
Foto	写真 shashin
Frau	女の人 onna no hito
Frau … (*Anrede*)	… さん … san
Frau (*eigene Ehefrau*)	妻 tsuma
Frau … (*Ehefrau eines anderen*)	奥さん okusan
Freund(in)	友達 tomodachi
Geschwister	兄弟 kyōdai
heißen; ich heiße …	申す; … と申します mōsu; … to mōshimasu
Herr	男性 dansei
Herr … (*Anrede*)	… さん … san
Junge	男の子 otoko no ko
kennenlernen	知り合う shiriau
Kind	子供 kodomo
kommen aus …	… から来た … kara kita
Land	国 kuni
langsam	ゆっくり yukkuri
Mädchen	女の子 onna no ko
Mann	男の人 otoko no hito
Mann (*der eigene Ehemann*)	夫 otto
Mann (*der Ehemann einer anderen*)	ご主人 go-shujin
mögen	好きだ suki da
Mutter (*die eigene Mutter*)	母 haha
Mutter (*die Mutter eines anderen*)	お母さん o-kāsan
Schule	学校 gakkō

Schwester (*die eigene ältere Schwester)*	姉 ane
Schwester (*die ältere Schwester eines anderen)*	お姉さん o-nēsan
Schwester (*die eigene jüngere Schwester)*	妹 imōto
Schwester (*die jüngere Schwester eines anderen)*	妹さん imōtosan
Sohn	息子 musuko
sprechen	話す hanasu
Stadt	町 machi
Student(in)	学生 gakusei
studieren	勉強する benkyō suru
Tochter	娘 musume
treffen, sich	会う au
Urlaub	休み yasumi
Vater (*der eigene Vater)*	父 chichi
Vater (*der Vater eines anderen)*	お父さん o-tōsan
verabreden, sich	約束する yakusoku suru
verheiratet	結婚している kekkon shite iru
Verlobte(r)	婚約者 konyakusha
verstehen	分かる wakaru
warten	待つ matsu
wenig	少し sukoshi
wiederholen	繰り返す kurikaesu

Über-nachten

Kann ich mir das Zimmer ansehen?
部屋を見せていただけますか。

Haben Sie noch ein anderes Zimmer?
他の部屋がありますか。

Hotel und Pension

Zimmersuche

info Es empfiehlt sich, die Unterkunft schon vor der Reise zu buchen. Für die Zimmersuche kann man sich an die Japanische Fremdenverkehrszentrale in Frankfurt wenden oder per Internet reservieren (http://www.jnto.go.jp).

Bei den Übernachtungsmöglichkeiten ist generell zwischen Zimmern im westlichen Stil (洋室 yōshitsu) und im traditionell japanischen Stil (和室 washitsu) zu unterscheiden.
Hotels haben meistens Zimmer im westlichen Stil mit Betten. Zimmer im japanischen Stil, deren Boden mit Reisstrohmatten (畳 tatami) ausgelegt ist, findet man in den teureren Ryokans sowie in den familiären und preiswerteren Minshukus. Hier wird am Abend nach dem Abendessen der Tisch beiseite gestellt und die Futons werden auf dem Boden ausgebreitet.
In Pensionen kann man oft zwischen Zimmern im westlichen und japanischen Stil wählen.

Ich möchte gerne vom … bis zum … bei Ihnen ein Zimmer reservieren.	… から … まで部屋を予約したいのですが。 … kara … made heya o yoyaku shitai no desu ga.
Ich möchte gerne meine Reservierung stornieren.	予約をキャンセルしたいのですが。 yoyaku o kyanseru shitai no desu ga.
Wo ist die Touristeninformation?	観光案内所はどこですか。 kankō annaijo wa doko desu ka?

info In allen größeren bzw. touristischen Orten gibt es am Bahnhof Touristeninformationen, die auch bei der Zimmersuche behilflich sind.

Wissen Sie, wo ich hier ein Zimmer finden kann?	泊まる所を探していますが。 tomaru tokoro o sagashite imasu ga.
Können Sie mir … empfehlen?	… を紹介していただけますか。 … o shōkai shite itadakemasu ka?
– ein gutes Hotel	– いいホテル ii hoteru
– ein preiswertes Hotel	– 安いホテル yasui hoteru
– eine Pension	– ペンション penshon
Wie viel kostet es (ungefähr)?	いくら(くらい)ですか。 ikura (kurai) desu ka?
Können Sie für mich dort reservieren?	そこに予約を入れていただけませんか。 soko ni yoyaku o irete itadakemasen ka?
Gibt es hier eine Jugendherberge / einen Campingplatz?	ここにはユースホステル / キャンプ場がありますか。 koko niwa yūsu hosuteru / kyanpu-jō ga arimasu ka?
Ist es weit von hier?	ここから遠いですか。 koko kara tōi desu ka?
Wie komme ich dorthin?	どう行ったらいいでしょうか。 dō ittara ii deshō ka?

Ankunft

Für mich ist bei Ihnen ein Zimmer reserviert. Mein Name ist …	部屋を予約した … と申します。 heya o yoyaku shita … to mōshimasu.
Ich möchte eine Nacht / … Nächte übernachten.	一泊 / … 泊泊まりたいのですが。 ippaku / … haku tomaritai no desu ga.

Haben Sie ein Doppelzimmer / Einzelzimmer frei …	… ダブル / シングルが空いていますか。 … daburu / shinguru ga aite imasu ka?
– mit Bad / Dusche?	– お風呂 / シャワー付の o-furo / shawā tsuki no
– mit Balkon?	– バルコニーのある barukonī no aru
– mit Klimaanlage?	– エアコン付の eakon tsuki no
– mit Blick aufs Meer?	– 海が見える umi ga mieru
– nach hinten hinaus?	– 裏に面している ura ni men shite iru

► Für weitere Fragen siehe *Ferienwohnung,* Seite 33

あいにくですが、満室になっております。 ainiku desu ga, manshitsu ni natte orimasu.	Wir sind leider ausgebucht.
あした / … に部屋が空くのですが。 ashita / … ni heya ga aku no desu ga.	Morgen / Am … wird ein Zimmer frei.

Wie viel kostet es …	… いくらですか。 … ikura desu ka?
– mit Frühstück?	– 朝食付で chōshoku tsuki de
– ohne Frühstück?	– 朝食なしで chōshoku nashi de
– mit Halbpension?	– 二食付きで nishoku tsuki de
Gibt es eine Ermäßigung, wenn man mehrere Nächte bleibt?	連泊割引がありますか。 renpaku waribiki ga arimasu ka?

Kann ich mir das Zimmer ansehen?	部屋を見せていただけますか。 heya o misete itadakemasu ka?
Könnten Sie ein zusätzliches Bett aufstellen?	ベッドを一台追加していただけますか。 beddo o ichidai tsuika shite itadakemasu ka?
Haben Sie noch ein anderes Zimmer?	他の部屋がありますか。 hoka no heya ga arimasu ka?
Es ist sehr schön. Ich nehme es.	きれいなお部屋ですね。これにします。 kirei na (o-)heya desu ne. kore ni shimasu.
Könnten Sie mir das Gepäck aufs Zimmer bringen?	荷物を部屋に運んでいただけませんか。 nimotsu o heya ni hakonde itadakemasen ka?
Wo ist das Bad?	お風呂はどこにありますか。 o-furo wa doko ni arimasu ka?
Wo kann ich meinen Wagen abstellen?	車をどこに駐車すればいいですか。 kuruma o doko ni chūsha sureba ii desu ka?
Wann gibt es Frühstück?	朝ごはんは何時から何時までですか。 asagohan wa nanji kara nanji made desu ka?

info In großen Hotels befindet sich meistens ein Restaurant レストラン resutoran, in dem dann auch das Frühstück eingenommen werden kann. In traditionell japanischen Unterkünften werden Abendessen und Frühstück im Zimmer serviert.

Wo ist der Speisesaal?	食堂はどこですか。 shokudō wa doko desu ka?

Service

info In den meisten Hotels sind in den Zimmern Wasserkocher und Haartrockner vorhanden. Wenn Sie eigene Geräte mitbringen, so müssen diese auch für 110 Volt geeignet sein. Für die japanischen Steckdosen benötigen Sie außerdem einen Adapter.

Kann ich Ihnen meine Wertsachen zur Aufbewahrung geben?	貴重品を預かっていただけますか。 kichōhin o azukatte itadakemasu ka?
Ich möchte meine Wertsachen abholen.	貴重品を受け取りたいのですが。 kichōhin o uketoritai no desu ga.
Bitte den Schlüssel für Zimmer …	… 号室の鍵をください。 … gōshitsu no kagi o kudasai.
Kann ich von meinem Zimmer (nach Deutschland) telefonieren?	部屋から（ドイツへ）電話ができますか。 heya kara (doitsu e) denwa ga dekimasu ka?
Ist eine Nachricht für mich da?	私宛にメッセージがありますか。 watashi ate ni messēji ga arimasu ka?
Könnte ich bitte noch … haben?	… いただけませんか。 … itadakemasen ka?
– eine Decke	– 毛布をもう一枚 mōfu o mō ichimai
– ein Handtuch	– タオルをもう一枚 taoru o mō ichimai
– ein paar Kleiderbügel	– いくつかのハンガーを ikutsuka no hangā o
– ein Kopfkissen	– 枕をもう一つ makura o mō hitotsu

Meine Tür lässt sich nicht abschließen.	部屋のドアが閉められません。 heya no doa ga shimeraremasen.
Das Fenster geht nicht auf / zu.	窓が開けられません / 閉められません。 mado ga akeraremasen / shimeraremasen.
… funktioniert nicht.	… が故障しているようです。 … ga koshō shite iru yō desu.
– Die Dusche	– シャワー shawā
– Der Fernseher	– テレビ terebi
– Die Heizung	– 暖房 danbō
– Die Klimaanlage	– 冷房 reibō
– Das Licht	– 電気 denki
– Die Spülung	– トイレの水洗 toire no suisen
Der Internetanschluss funktioniert nicht.	インターネット接続ができません。 intanetto setsuzoku ga dekimasen.

Es kommt kein kaltes Wasser.	お水が出ません。 o-mizu ga demasen.
Es kommt kein warmes Wasser.	お湯が出ません。 o-yu ga demasen.
Der Wasserhahn tropft.	蛇口が水漏れしています。 jaguchi ga mizumore shite imasu.
Der Abfluss / Die Toilette ist verstopft.	配管 / トイレが詰まっているようです。 haikan / toire ga tsumatte iru yō desu.
… ist schmutzig.	… 汚れています。 … yogorete imasu.

Abreise

Wecken Sie mich bitte (morgen früh) um … Uhr.	（明日）…時に起こしてください。 (ashita) … ji ni okoshite kudasai.
Wir reisen morgen ab.	明日出発する予定ですが。 ashita shuppatsu suru yotei desu ga.
Machen Sie bitte die Rechnung fertig.	請求書をお願いします。 seikyūsho o o-negai shimasu.
Es war sehr schön hier.	ここはとても気に入りました。 koko wa totemo ki ni irimashita.
Kann ich mein Gepäck noch bis … Uhr hier lassen?	荷物を …時までここに置かせていただけますか。 nimotsu o …ji made koko ni okasete itadakemasu ka?
Rufen Sie bitte ein Taxi.	タクシーを呼んでください。 takushī o yonde kudasai.

Ferienwohnung, Appartment

info Plant man einen mehrwöchigen Aufenthalt in einer japanischen Großstadt, so bietet sich ein ウィークリーマンション uīkurī manshon, ein Appartment, das wochenweise gemietet werden kann, als Unterbringung an. Die Appartments werden häufig von Maklern verwaltet.

Wir haben die Wohnung … gemietet.	… アパートを借りていますが。 … apāto o karite imasu ga.
Wo bekommen wir die Schlüssel?	鍵はどこでもらうのですか。 kagi wa doko de morau no desu ka?
Könnten Sie uns bitte erklären, wie … funktioniert?	… の使い方を教えていただけませんか。 … no tsukaikata o oshiete itadakemasen ka?
– der Herd	– コンロ konro
– die Waschmaschine	– 洗濯機 sentakuki
– der Wäschetrockner	– 乾燥機 kansōki
Wohin kommt der Müll?	ごみをどこに置けばいいですか。 gomi o doko ni okeba ii desu ka?
Könnten Sie uns bitte sagen, wo die nächste Bushaltestelle ist?	一番近いバス停はどこにありますか。 ichiban chikai basutei wa doko ni arimasu ka?
Wo kann ich ein Lebensmittelgeschäft finden?	食料品店はどこにありますか。 shokuryōhinten wa doko ni arimasu ka?
Wo können wir das Auto abstellen?	車をどこに駐車したらいいですか。 kuruma o doko ni chūsha shitara ii desu ka?

Camping

Wie hoch ist die Gebühr für …	… の利用料金はいくらですか。 … no riyō ryōkin wa ikura desu ka?
– zwei Erwachsene (und zwei Kinder)?	– 大人二人(と子供二人) otona futari (to kodomo futari)
– einen PKW?	– 自動車一台 jidōsha ichidai
– ein Zelt?	– テント一張 tento hitohari
Vermieten Sie auch Bungalows?	バンガローが借りられますか。 bangarō ga kariraremasu ka?
Wir möchten einen Tag / … Tage bleiben.	一泊 / … 泊したいのですが。 ippaku / … haku shitai no desu ga.
Wo können wir unser Zelt aufstellen?	テントをどこに張ればいいですか。 tento o doko ni hareba ii desu ka?
Wo sind die Waschräume / Toiletten?	洗面所 / トイレはどこにありますか。 senmenjo / toire wa doko ni arimasu ka?
Gibt es hier Stromanschluss?	AC電源がありますか。 ēshī dengen ga arimasu ka?

► Für weitere Fragen siehe *Ferienwohnung,* Seite 33

Zählweise für Übernachtungen

eine Nacht	一泊	ippaku
zwei Nächte	二泊	nihaku
drei Nächte	三泊	sanpaku
vier Nächte	四泊	yonhaku
fünf Nächte	五泊	gohaku
sechs Nächte	六泊	roppaku

Übernachten: weitere Wörter

abreisen	出発する shuppatsu suru
Adapter	コンセントアダプター konsento adaputā
Anmeldung	受付 uketsuke
Anzahlung	予約金 yoyakukin
Appartement	アパート apāto
Aschenbecher	灰皿 haizara
Aufenthaltsraum	広間 hiroma
Aufzug	エレベーター erebētā
Badewanne	お風呂 o-furo
Beanstandung	不満 fuman
Besen	箒 hōki
Bett	ベッド beddo
Bettdecke	掛け布団 kakebuton
Bettlaken	シーツ shītsu
Bettwäsche	シーツ shītsu
bügeln	アイロンをかける airon o kakeru
Bungalow	バンガロー bangarō
Camping	キャンピング kyanpingu
Decke	毛布 mōfu
Doppelbett	ダブル（ベッド） daburu (beddo)
Dusche	シャワー shawā
Einzelbett	シングル（ベッド） shinguru (beddo)
Empfang	受け付け uketsuke
Etage	階 kai
Etagenbetten	二段ベッド nidan beddo
Ferienhaus	別荘 bessō
Fernseher	テレビ terebi
Foyer	ロビー robī

Frühstücksbüfett	朝食バイキング chōshoku baikingu
Gaskartusche	ガスカートリッジ gasu kātorijji
Gaskocher	携帯コンロ keitai konro
Geschirr	食器 shokki
Glas	グラス gurasu
Glühbirne	電球 denkyū
Hammer	ハンマー hanmā
Handtuch	タオル taoru
Hauptsaison	シーズン shīzun
Hausverwaltung	ビル管理 biru kanri
Herd	コンロ konro
Hering	ペグ pegu
Hotel	ホテル hoteru
Isomatte	マット matto
Jugendherberge	ユースホステル yūsu hosuteru
Kaffeemaschine	コーヒーメーカー kōhī-mēkā
kaputt	壊れている kowarete iru
Kaution	保証金 hoshōkin
Kinderbett	子供ベッド kodomo beddo
Kühlschrank	冷蔵庫 reizōko
Lampe	電気 denki
Leihgebühr	利用料金 riyō ryōkin
Licht	灯り akari
Luftmatratze	エアマット eamatto
Matratze	マットレス mattoresu
Miete (*Wohnung)*	家賃 yachin
mieten	借りる kariru
Moskitospirale	蚊取線香 katori senkō
Mülleimer	ごみばこ gomibako
Nebensaison	シーズンオフ shīzun ofu
Notausgang	非常口 hijōguchi

Putzmittel	洗剤 senzai
Rechnung	請求書 seikyūsho
reservieren	予約する yoyaku suru
reserviert	予約した yoyaku shita
Rezeption	フロント furonto
Safe	金庫 kinko
Schlafsaal	ドミトリー domitorī
Schlafsack	寝袋 nebukuro
Schlüssel	鍵 kagi
schmutzig	汚れている yogorete iru
Schrank	タンス tansu
Sicherung	ヒューズ hyūzu
Spannung, elektrische	電圧 denatsu
Spiegel	鏡 kagami
Steckdose	コンセント konsento
Stecker	プラグ puragu
Stuhl	椅子 isu
Swimmingpool	プール pūru
Telefon	電話 denwa
Tisch	机 tsukue
Toilette	お手洗い o-tearai
Toilettenpapier	トイレットペーパー toiretto pēpā
Trinkwasser	飲料水 inryōsui
Ventilator	扇風機 senpūki
Verlängerungskabel	延長コード enchō kōdo
Voranmeldung	予約 yoyaku
Waschbecken	洗面器 senmenki
waschen	洗濯する sentaku suru
waschen	洗う arau
waschen (*Wäsche*)	洗濯する sentaku suru
Wäschetrockner	乾燥機 kansōki
Waschmaschine	洗濯機 sentakuki
Waschmittel	洗剤 senzai
Waschraum	洗面所 senmenjo

Wasser (*kaltes*)	お水 o-mizu
Wasser (*warmes*)	お湯 o-yū
Wasserhahn	蛇口 jaguchi
zelten	キャンピングする kyanpingu suru
Zelt	テント tento
Zimmer	部屋 heya
Zimmer (*im japanischen Stil)*	和室 washitsu
Zimmer (*im westlichen Stil)*	洋室 yōshitsu
Zweibettzimmer	ツイン tsuin

Unterwegs

Wo ist die nächste U-Bahn-Station?
最寄の駅はどこですか。

Gibt es Tageskarten?
一日乗車券がありますか。

Fragen nach dem Weg

Entschuldigung, wo ist …?	すみませんが、… はどこですか。 sumimasen ga, … wa doko desu ka?
Wie komme ich nach/zu …?	…へ行きたいのですが、どう行ったらいいでしょうか。 … e ikitai no desu ga, dō ittara ii deshō ka?
Können Sie mir das bitte auf der Karte zeigen?	地図で教えてくれませんか。 chizu de oshiete kuremasen ka?
Wie weit ist es?	どのくらいかかりますか。 dono kurai kakarimasu ka?
Wie viele Minuten zu Fuß / mit dem Auto?	歩いて / 車で何分かかりますか。 aruite / kuruma de nanpun kakarimasu ka?
Ist das die Straße nach …?	この通りは … へ行くのですか。 kono tōri wa … e iku no desu ka?
Wie komme ich zur Autobahn nach …?	… への高速道路に乗りたいのですが、どう行ったらいいですか。 … e no kōsoku dōro ni noritai no desu ga, dō ittara ii desu ka?
すみませんが、ちょっと分かりません。 sumimasen ga, chotto wakarimasen.	Tut mir leid, das weiß ich nicht.
最初/の通りを左に曲がってください。 saisho no tōri o hidari ni magatte kudasai.	Die erste Straße links.

二本目の通りを右に曲がってください。 nihonme no tōri o migi ni magatte kudasai.
Die zweite Straße rechts.

次の信号 / 交差点に … tsugi no shingō / kōsaten ni …
An der nächsten Ampel / Kreuzung …

その広場 / 通りを渡ってください。 sono hiroba / tōri o watatte kudasai.
Überqueren Sie den Platz / die Straße.

そこでもう一度聞いてください。 soko de mō ichidō kīte kudasai.
Dann fragen Sie noch einmal.

バス / 地下鉄で行けます。 basu / chikatetsu de ikemasu.
Sie können den Bus / die U-Bahn nehmen.

Orts- und Richtungsangaben

neben	隣に tonari ni
rechts, nach rechts	右に migi ni
links, nach links	左に hidari ni
ziemlich weit	かなり遠い kanari tōi
Kreuzung	交差点 kōsaten
hinter	後ろに ushiro ni
vor	前に mae ni
zurück	少し戻って sukoshi modotte
gegenüber	向かいに mukai ni
die Treppe herunter	階段を下りて kaidan o orite
die Treppe herauf	階段を上がって kaidan o agatte
Ampel	信号 shingō
hier	ここに koko ni
dort	あそこに asoko ni
hier entlang	こちらへ kochira e
dort hinten	あの奥に ano oku ni
nicht weit	遠くない tōku nai
nahe bei …	…の近くに … no chikaku ni
Straße	通り tōri
geradeaus	まっすぐ massugu
Kurve	カーブ kābu

Gepäck

Ich möchte mein Gepäck hier lassen.
荷物を預けたいのですが。
nimotsu o azuketai no desu ga.

Ich möchte mein Gepäck abholen.
荷物を受け取りたいのですが。
nimotsu o uketoritai no desu ga.

Mein Gepäck ist (noch) nicht angekommen.	荷物が（まだ）届いていませんが。 nimotsu ga (mada) todoite imasen ga.
Wo ist mein Gepäck?	私の荷物はどこにありますか。 watashi no nimotsu wa doko ni arimasu ka?
Mein Koffer ist beschädigt worden.	スーツケースが破損しました。 sūtsukēsu ga hason shimashita.
An wen kann ich mich wenden?	誰が担当していますか。 dare ga tantō shite imasu ka?

Gepäck: weitere Wörter

Gepäckaufbewahrung	荷物預かり所 nimotsu azukarisho
Handgepäck	手荷物 tenimotsu
Koffer	スーツケース sūtsukēsu
Reisetasche	旅行鞄 ryokō kaban
Rucksack	リュックサック ryukkusakku
Schließfach	コインロッカー koin rokkā
Tasche	鞄 kaban
Übergepäck	超過荷物 chōka nimotsu

Flugzeug

Wo ist der Schalter der Fluggesellschaft …?	… 航空会社のカウンターはどこですか。 … kōkū gaisha no kauntā wa doko desu ka?
Sind noch Plätze frei?	まだ空席がありますか。 mada kūseki ga arimasu ka?
Wie viel kostet ein Flug nach …?	… への航空券はいくらですか。 … e no kōkūken wa ikura desu ka?

Bitte ein Flugticket …	… 航空券を一枚ください。 … kōkūken o ichimai kudasai.
– einfach.	–片道の katamichi no
– hin und zurück.	–往復の ōfuku no
– Economy class.	–エコノミークラスの ekonomī kurasu no
– Business class.	–ビジネスクラスの bijinesu kurasu no
Ich hätte gerne einen Fensterplatz / Gangplatz.	窓側の席 / 通路側の席がいいのですが。 madogawa no seki / tsūrogawa no seki ga ii no desu ga.
Ich möchte meinen Flug rückbestätigen lassen.	リコンファームしたいのですが。 rikonfāmu shitai no desu ga.
Ich möchte mein Ticket stornieren.	航空券をキャンセルしたいのですが。 kōkūken o kyanseru shitai no desu ga.
Ich möchte mein Ticket umbuchen.	航空券を変更したいのですが。 kōkūken o henkō shitai no desu ga.

Flugzeug: weitere Wörter

Abflug	出発 shuppatsu
Ankunft	到着 tōchaku
Anschlussflug	乗り継ぎ便 noritsugi bin
Ausgang	出口 deguchi
Bordkarte	搭乗券 tōjōken
Flughafen	空港 kūkō
Flughafenbus	空港リムジンバス kūkō rimujin basu
Flughafengebühr	空港使用料金 kūkō shiyō ryōkin
Flugzeit	飛行時間 hikō jikan

Flugzeug	飛行機 hikōki
Landung	着陸 chakuriku
Ortszeit	現地時間 genchi jikan
Pilot	機長 kichō
Rückflug	帰りの便 kaeri no bin
Schalter	カウンター kauntā
Spucktüte	ゲロ袋 gero bukuro
Steward	スチュワード suchuwādo
Stewardess	スチュワーデス suchuwādesu
Ticket	航空券 kōkūken
Verspätung	遅れ okure
Zwischenlandung	途中着陸 tochū chakuriku

Zug

info Das Schienennetz in Japan ist recht dicht, die Züge fahren sehr häufig und sind zudem pünktlich. Daher ist der Zug eines der schnellsten und bequemsten Verkehrsmittel, leider jedoch nicht ganz billig. Wenn man mit einem Touristenvisum nach Japan einreist, kann man vor der Reise außerhalb Japans den Japan Rail Pass kaufen; in Japan selbst können Sie diesen Pass nicht mehr erwerben. Je nach Gültigkeitsdauer des Passes haben Sie dann 1, 2 oder 3 Wochen auf den Strecken der Japan Railways freie Fahrt. Es gibt jedoch in Japan auch viele private Bahngesellschaften, die den Pass nicht akzeptieren.

Auskunft und Fahrkarten

Wo finde ich die Gepäckaufbewahrung / Schließfächer?	荷物預かり所 / コインロッカーはどこにありますか。 nimotsu azukarisho / koin rokkā wa doko ni arimasu ka?
Wann fährt ein Zug nach …?	… へ行く電車は何時に出ますか。 … e iku densha wa nanji ni demasu ka?
Wann fährt der nächste Zug nach …?	…行き次の電車は何時ですか。 … yuki tsugi no densha wa nanji desu ka?
Wann ist er in …?	… に何時に着きますか。 … ni nanji ni tsukimasu ka?
Muss ich umsteigen?	乗り換える必要がありますか。 norikaeru hitsuyō ga arimasu ka?
Von welchem Gleis fährt der Zug nach … ab?	… へ行く電車は何番線から出発しますか。 … e iku densha wa nanbansen kara shuppatsu shimasu ka?

info Fahrkarten erhalten Sie an den Fahrkartenschaltern みどりの窓口 midori no madoguchi oder an Fahrkartenautomaten. Über den Automaten hängt ein Plan mit dem Streckennetz der näheren Umgebung, auf dem der Fahrpreis zum jeweiligen Zielbahnhof angegeben ist.

Auch wenn man nur zu den Gleisen will, um jemanden abzuholen, muss man eine Bahnsteigkarte lösen. Die Fahrkarten werden beim Betreten des Bahnhofs und beim Verlassen des Zielbahnhofs entwertet und müssen daher bis zum Fahrtende aufgehoben werden.

Was kostet eine Fahrkarte nach …?	… までの切符はいくらですか。 … made no kippu wa ikura desu ka?
Ist dieser Zug zuschlagpflichtig?	この電車は特急券が必要ですか。 kono densha wa tokkyūken ga hitsuyō desu ka?
Gibt es eine Ermäßigung für …?	… 割引がありますか。 … waribiki ga arimasu ka?
Bitte eine Karte nach …	… までの切符をください。 … made no kippu o kudasai.
Bitte eine Karte / zwei Karten …	… 切符を一枚 / 切符を二枚ください。 … kippu o ichimai / kippu o nimai kudasai.
– einfach. – hin und zurück. – erster Klasse. – zweiter Klasse. – für Kinder.	– 片道の katamichi no – 往復の ōfuku no – グリーン車の gurīn-sha no – 普通車の futsū-sha no – 子供の kodomo no
Bitte eine Platzkarte für den Zug um … Uhr nach …	… 時発 … 行きの指定席券をください。 … ji hatsu … yuki no shitei sekiken o kudasai.
Ich hätte gerne einen Platz …	… 席がいいです。 … seki ga ii desu.
– am Fenster. – am Gang. – für Nichtraucher. – für Raucher.	– 窓側の madogawa no – 通路側の tsūrōgawa no – 禁煙 kin-en – 喫煙 kitsuen
Kann man im Zug etwas zu essen und zu trinken kaufen?	車内では飲み物と食べ物が買えますか。 shanai dewa nomimono to tabemono ga kaemasu ka?

Auf dem Bahnhof

Gepäck	荷物 nimotsu
Trinkwasser	飲み水 nomimizu
Schließfächer	コインロッカー koin rokkā
Auskunft	案内所 annaijo
Gepäckaufbewahrung	荷物預かり所 nimotsu azukarisho
Gleis Nr. …	… 番線 … bansen
Toiletten	お手洗い o-tearai
Ausgang	出口 deguchi
Wartesaal	待合室 machiai shitsu
Fahrkartenautomat	券売機 kenbaiki
Bahnsteigsperre	改札口 kaisatsuguchi
Hauptausgang	中央口 chūōguchi
Nordausgang	北口 kitaguchi
Südausgang	南口 minamiguchi
Westausgang	西口 nishiguchi
Ostausgang	東口 higashiguchi
Aufzug	エレベーター erebētā
Fahrkartenverkauf	切符売り場 kippu uriba

Im Zug

Ist dies der Zug nach …?	これは … へ行く電車ですか。 kore wa … e iku densha desu ka?
Ist dieser Platz frei?	この席は空いていますか。 kono seki wa aite imasu ka?
Entschuldigen Sie, das ist mein Platz.	すみませんが、ここは私の席です。 sumimasen ga, koko wa watashi no seki desu.
Entschuldigung, können Sie mir bitte helfen?	すみませんが、手伝っていただけませんか。 sumimasen ga, tetsudatte itadakemasen ka?
Darf ich das Fenster öffnen / schließen?	窓を開けて / 閉めてもいいですか。 mado o akete / shimete mo ii desu ka?
Wie viele Stationen sind es noch bis …?	… 駅まであといくつですか。 … eki made ato ikutsu desu ka?
Wie lange haben wir Aufenthalt?	どのくらい停車しますか。 dono kurai teisha shimasu ka?
Erreiche ich den Zug nach … noch?	… へ行く電車に間に合いますか。 … e iku densha ni ma ni aimasu ka?

Zug: weitere Wörter

Abfahrt	出発 shuppatsu
ankommen	着く tsuku
Ankunft	到着 tōchaku
Anschluss	乗り継ぎの電 noritsugi no densha
Ausgang	出口 deguchi
aussteigen	降りる oriru

Bahnhof	駅 eki
Bahnsteig	ホーム hōmu
Bahnsteigkarte	入場券 nyūjōken
Bahnsteigsperre	改札口 kaisatsu guchi
besetzt	ふさがっている fusagatte iru
einsteigen	乗る noru
Expresszug	特急 tokkyū
Fahrpreis	運賃 unchin
Fensterplatz	窓側の席 madogawa no seki
Gleis Nr. …	… 番線 … bansen
Nichtraucherabteil	禁煙席 kinen seki
nicht reservierter Platz	自由席 jiyūseki
Raucherabteil	喫煙席 kitsuen seki
Regionalzug	普通電車 futsū densha
reserviert	指定席 shitei seki
Schaffner	車掌 shashō
Schlafwagen	寝台車 shindai-sha
Schließfächer	コインロッカー koin rokkā
Schnellzug	急行 kyūkō
Speisewagen	食堂車 shokudō-sha
umsteigen	乗り換える norikaeru
Wagen Nr. …	… 号車 … gōsha
Waggon	車両 sharyō
Zuschlag	特急料金 tokkyū ryōkin

Überlandbus

Wie komme ich zum Busbahnhof …?	… バス乗り場へどう行ったらいいですか？ … basu noriba e dō ittara ii desu ka?
Wann fährt der nächste Bus nach … ab?	… へ行く次のバスは何時に出ますか。 … e iku tsugi no basu wa nanji ni demasu ka?

info Zwischen den größeren Städten verkehren Überlandbusse, die eine preisgünstige Alternative zur Bahn darstellen.

Bitte eine Karte / zwei Karten nach …	… への切符を一枚 / 二枚ください。 … e no kippu o ichimai / nimai kudasai.
Wie lange dauert die Fahrt?	時間はどのくらいかかりますか。 jikan wa dono kurai kakarimasu ka?
Wie lange haben wir Aufenthalt?	どのくらい停車しますか。 dono kurai teisha shimasu ka?
Ist … die Endhaltestelle?	… は終点ですか。 … wa shūten desu ka?
Sagen Sie mir bitte, wo ich aussteigen muss?	降りるところを教えてください。 oriru tokoro o oshiete kudasai.

Schiff

Auskunft und Buchung

Wann fährt das nächste Schiff / die nächste Fähre nach … ab?	… 行き次の船 / フェリーは何時に出発しますか。 … yuki tsugi no fune / ferī wa nanji ni shuppatsu shimasu ka?
Wie lange dauert die Überfahrt nach …?	… への航行時間はどのくらいかかりますか。 … e no kōkō jikan wa dono kurai kakarimasu ka?
Wann legen wir in … an?	… にはいつ到着しますか。 … niwa itsu tōchaku shimasu ka?
Wann müssen wir an Bord sein?	何時までに乗船したらいいですか。 nanji made ni jōsen shitara ii desu ka?

Ich möchte eine Schiffskarte erster Klasse / Touristenklasse nach …

… への一等 / 二等切符を一枚ください。 … e no ittō / nitō kippu o ichimai kudasai.

Ich möchte …

… がいいのですが。 … ga ii no desu ga.

– eine Einzelkabine. – 一人部屋 hitori beya
– eine Zweibettkabine. – 二人部屋 futari beya
– erste Klasse – 一等 ittō
– zweite Klasse – 二等 nittō

Ich möchte eine Karte für die Rundfahrt um … Uhr.

… 時発の遊覧船にチケットを一枚ください。 … ji hatsu no yū ransen ni chiketto o ichimai kudasai.

An welcher Anlegestelle liegt die …?

… の船着所はどこですか。 … no senchakusho wa doko desu ka?

An Bord

Ich suche die Kabine Nummer …	… 号室を探していますが。 … gōshitsu o sagashite imasu ga.
Kann ich eine andere Kabine bekommen?	船室を変えてもらえませんか。 senshitsu o kaete moraemasen ka?
Haben Sie ein Mittel gegen Seekrankheit?	船酔いの薬がありますか。 funayoi no kusuri ga arimasu ka?

Schiff: weitere Wörter

Anlegestelle	出航場所 shukkō basho
Deck	デッキ dekki
Decke	毛布 mōfu
Fähre	フェリー ferī
Kapitän	船長 senchō
Klimaanlage	冷暖房 reidanbō
Küste	海岸 kaigan
Meer	海 umi
Rettungsboot	救命ボート kyūmei bōto
Rettungsring	救命浮輪 kyūmei ukiwa
Rundfahrt	遊覧コース yūran kōsu
Schiff	船 fune
Schiffsagentur	海運業 kaiungyō
Schwimmweste	救命胴衣 kyūmei dōi
See, der	湖 mizūmi
Seegang, hoher	高波 takanami
seekrank	船酔い funayoi
stürmisch	大荒れ（の） ōare (no)
Überfahrt	航行 kōkō
Welle	波 nami
Wind	風 kaze

Auto, Motorrad

Vermietung

Ich möchte ein Auto / ein Motorrad mieten.
自動車 / バイク を借りたいのですが。 jidōsha / baiku o karitai no desu ga.

（国際）免許証を見せてください。 (kokusai) menkyoshō o misete kudasai.
Könnte ich bitte Ihren (internationalen) Führerschein sehen?

Ich möchte es für … mieten.
… 借りたいのですが。 … karitai no desu ga.

- morgen – あした ashita
- einen Tag – 一日 ichinichi
- zwei Tage – 二日間 futsukakan
- eine Woche – 一週間 isshūkan

Wie viel kostet das?
それはいくらになりますか。 sore wa ikura ni narimasu ka?

Welchen Treibstoff braucht das Auto?
どのガソリンを入れたらいいのですか。 dono gasorin o iretara ii no desu ka?

Ist eine Vollkaskoversicherung eingeschlossen?
保険が含まれていますか。 hoken ga fukumarete imasu ka?

Kann ich das Auto auch in … abgeben?
車を … で乗り捨ててもいいですか。 kuruma o … de norisutete mo ii desu ka?

Bis wann muss ich zurück sein?
何時までに戻らなければなりませんか。 nanji made ni modoranakereba narimasen ka?

Bitte geben Sie mir auch einen Sturzhelm.
ヘルメットもください。 herumetto mo kudasai.

An der Tankstelle

Wo ist die nächste Tankstelle?
一番近いガソリンスタンドはどこですか。 ichiban chikai gasorin sutando wa doko desu ka?

Bitte voll tanken.
満タンにしてください。 mantan ni shite kudasai.

Bitte … für … Yen.
… を … 円分お願いします。 … o … enbun o-negai shimasu.

– Benzin bleifrei
– Super bleifrei
– Super verbleit
– Diesel

– 無鉛レギュラー muen regyurā
– 無鉛ハイオク muen haioku
– 有鉛ハイオク yūen haioku
– ディーゼル dīzeru

Ich möchte 1 Liter / 2 Liter Öl.
オイルを 1 リットル / 2 リットルください。 oiru o ichi rittoru / ni rittoru kudasai.

Bitte einen Ölwechsel.
オイル交換をしてください。 oiru kōkan o shite kudasai.

Panne

Ich habe kein Benzin mehr.
ガソリンがなくなってしまいました。 gasorin ga nakunatte shimaimashita.

Ich habe eine Reifenpanne / Motorpanne.
車がパンク / エンジンが故障してしまいました。 kuruma ga panku / enjin ga koshō shite shimaimashita.

Könnten Sie …	… くれませんか。 … kuremasen ka?
– mich ein Stück mitnehmen?	– 乗せていって nosete itte
– meinen Wagen abschleppen?	– 車を引っ張って kuruma o hipatte
– mir einen Abschleppwagen schicken?	– レッカー車を呼んで rekkā-sha o yonde
Können Sie mir bitte … leihen?	… を貸していただきませんか。 … o kashite itadakimasen ka?

Werkzeug und Flickzeug

Draht	針金 harigane
Kabel	ケーブル kēburu
Kreuzschlüssel	十字レンチ jūji renchi
Schmirgelpapier	サンドペーパー sando pēpā
Schraube	ねじ neji
Schraubenschlüssel	スパナ supana
Schraubenzieher	ドライバー doraibā
Trichter	じょうご jōgo
Wagenheber	ジャッキ jakki
Werkzeug	工具 kōgu
Zange	ペンチ penchi

Unfall

Rufen Sie bitte schnell …	… を早く呼んでください。 … o hayaku yonde kudasai.
– einen Krankenwagen!	– 救急車 kyūkyū-sha
– die Polizei!	– 警察 keisatsu
– die Feuerwehr!	– 消防車 shōbō-sha

Es ist ein Unfall passiert!

事故が起こりました。
jiko ga okorimashita.

Zwei Personen / … Personen sind verletzt.

怪我人が２人 / …人います。
keganin ga futari / … nin imasu.

Bitte helfen Sie mir.

手伝ってください。
tetsudatte kudasai.

Ich brauche Verbandszeug.

救急箱が要ります。
kyūkyū bako ga irimasu.

Es ist nicht meine Schuld.

私には責任がありません。
watashi niwa sekinin ga arimasen.

Ich möchte, dass wir die Polizei holen.

警察を呼んだ方がいいと思いますが。 keisatsu o yonda hō ga ii to omoimasu ga.

Ich hatte Vorfahrt.	私に優先権がありました。 watashi ni yūsenken ga arimashita.
Sie sind zu dicht aufgefahren.	あなたは車間距離を詰め過ぎていました。 anata wa shakan kyori o tsumesugite imashita.
Sie sind zu schnell gefahren.	あなたはスピードを出し過ぎていました。 anata wa supīdo o dashisugite imashita.
Bitte geben Sie mir Ihren Namen und Ihre Adresse.	お名前と住所を教えてください。 o-namae to jūsho o oshiete kudasai.
Können Sie eine Zeugenaussage machen?	証人になってくれませんか。 shōnin ni natte kuremasen ka?

In der Werkstatt

Wo ist die nächste Werkstatt?	一番近い修理工場はどこですか。 ichiban chikai shūri kōjō wa doko desu ka?
Mein Wagen steht Richtung … / auf der Bundesstraße (Nummer …).	車は… 方面 / 国道 (… 番線)に止まっていますが。 kuruma wa … hōmen / kokudō (… bansen) ni tomatte imasu ga.
Können Sie ihn abschleppen?	車をレッカーしてもらえますか。 kuruma o rekkā shite moraemasu ka?
Können Sie mal nachsehen?	ちょっと見てくれますか。 chotto mite kuremasu ka?
Mein Auto springt nicht an.	エンジンがかかりません。 enjin ga kakarimasen.

Die Bremse / Der Blinker funktioniert nicht.	ブレーキ / ウィンカーが故障しています。	burēki / uinkā ga koshō shite imasu.
Die Batterie ist leer.	バッテリーが上がっています。	batterī ga agatte imasu.
Der Motor klingt merkwürdig.	エンジンが変な音がします。	enjin ga hen na oto ga shimasu.
Der Motor zieht nicht.	エンジンの回転が上がりません。	enjin no kaiten ga agarimasen.
Kann ich mit dem Auto noch fahren?	まだ走れますか。	mada hashiremasu ka?
Machen Sie bitte nur die nötigsten Reparaturen.	必要最低限の修理だけをしてください。	hitsuyō saiteigen no shūri dake o shite kudasai.
Wie viel wird die Reparatur ungefähr kosten?	修理代はいくらくらいになるでしょうか。	shūridai wa ikura kurai ni naru deshō ka?
Wann ist es fertig?	いつできあがるでしょうか。	itsu dekiagaru deshō ka?

Auto, Motorrad: weitere Wörter

Abschleppseil	ロープ	rōpu
Abschleppwagen	レッカー車	rekkā-sha
Achse	車軸	shajiku
Anlasser	スターター	sutātā
Auffahrunfall	追突事	tsuitotsu jiko
Auspuff	排気管	haikikan
auswechseln	交換する	kōkan suru
Autobahnauffahrt	高速道路の入口	kōsoku dōro no iriguchi

Autoschlüssel	車の鍵 kuruma no kagi
Benzinkanister	ガソリン携行缶 gasorin keikōkan
Bremsflüssigkeit	ブレーキオイル burēki oiru
Bremslicht	ブレーキランプ burēki ranpu
Dichtung	パッキング pakkingu
Ersatzreifen	スペアタイヤ supea taiya
Ersatzteil	予備部品 yobi buhin
fahren	走る hashiru
Feuerlöscher	消火器 shōkaki
Führerschein	運免許証 unten menkyoshō
Gang	ギヤ giya
Getriebe	ギヤ giya
Glühbirne	電球 denkyū
Handbremse	サイドブレーキ saido burēki
Heizung	暖房 danbō
Helm	ヘルメット herumetto
Hupe	クラクション kurakushon
Kanister	携行缶 keikōkan
kaputt	故障している koshō shite iru
Katalysator	触媒コンバーター shokubai konbātā
Kindersitz	チャイルドシート chairudo shīto
Klimaanlage	冷暖房 reidanbō
Kotflügel	フェンダー fendā
Kühler	ラジエーター rajiētā
Kühlwasser	冷却水 reikyakusui
Kupplung	クラッチ kuratchi
Kurve	カーブ kābu
Lack	ペンキ penki
Landstraße	県道 kendō
Leerlauf	アイドリング aidoringu
Lenkung	ステアリング sutearingu
Licht	ライト raito

Lichtmaschine	ジェネレーター jenerētā
Luftfilter	エアフィルター eafirutā
Maut(stelle)	料金（所） ryōkin(jo)
Motorhaube	ボンネット bonnetto
Motoröl	エンジンオイル enjin oiru
Ölwechsel	オイル交換 oiru kōkan
parken	駐車する chūsha suru
Parkhaus	（立体）駐車場 (rittai) chūshajō
Parkplatz	駐車場 chūshajō
Parkverbot	駐車禁止 chūsha kinshi
Rad	車輪 sharin
Raststätte	ドライブイン doraibu in
Reifen	タイヤ taiya
Reifendruck	タイヤ空気圧 taiya kūkiatsu
reparieren	修理する shūri suru
Reservereifen	スペアタイヤ supea taiya
Rücklicht	テールライト tēru raito
Rückspiegel	バックミラー bakku mirā
Schalter	スイッチ suitchi
Scheibenwischer	ワイパー waipā
Scheibenwischerblätter	ワイパーブレード waipā burēdo
Scheinwerfer	ヘッドライト heddo-raito
Schneeketten	タイヤチェーン taiya chēn
Sicherheitsgurt	安全ベルト anzen beruto
Sicherung	ヒューズ hyūzu
Spiegel	ミラー mirā
Starter	スターター sutātā
Starthilfekabel	ブースターケーブル būsutā kēburu
Stoßdämpfer	ショックアブソーバー shokku abusōbā
Stoßstange	バンパー banpā
Tachometer	速度計 sokudokei

Tankstelle	ガソリンスタンド gasorin sutando
Unfall	交通事故 kōtsū jiko
Ventil	バルブ barubu
Verbandskasten	救急箱 kyūkyūbako
Vergaser	キャブレーター kyaburētā
Vorfahrt	優先権 yūsenken
Warndreieck	三角停止版 sankaku teishi ban
Werkstatt	修理工場 shūri kōjō
Zeuge	目撃者 mokugekisha
Zündkabel	イグニッションケーブル igunisshon kēburu
Zündkerze	スパークプラグ supāku puragu
Zündung	点火 tenka
Zusammenstoß	衝突事故 shōtotsu jiko

Öffentlicher Nahverkehr

Wo ist …	… はどこですか。 … wa doko desu ka?
– die nächste U-Bahn-Station	– 最寄の駅 moyori no eki
– die nächste Bushaltestelle?	– 一番近いバス停 ichiban chikai basu-tei
– die nächste Straßenbahnhaltestelle?	– 最寄の駅 moyori no eki

info In der japanischen Sprache wird im Alltag keine Unterscheidung zwischen U-Bahn und Straßenbahn gemacht. Alle Haltestellen und Bahnhöfe heißen 駅 eki, und das Wort 電車 densha (Zug) gilt von der U-Bahn bis zum Überregionalzug für alle Zugarten.

Wo hält der Bus nach …?

… へ行くバスはどこから出ますか。 … e iku basu wa doko kara demasu ka?

Welche U-Bahn fährt nach …?

どの地下鉄が … へ行きますか。 dono chikatetsu ga … e ikimasu ka?

info Die U-Bahnlinien in Japan sind nicht nummeriert, sondern haben Eigennamen, oft die des Betreibers.

Welcher Bus fährt nach …?

どのバスが … へ行きますか。 dono basu ga … e ikimasu ka?

… 番号のバスです。 … bangō no basu desu.

Der Bus Nummer …

Wann fährt die nächste Straßenbahn nach …?

… へ行く次の電車は何時に出ますか。 … e iku tsugi no densha wa nanji ni demasu ka?

info Fahrscheine für die U-Bahn bekommen Sie an Automaten. Über den Automaten hängt ein Plan mit dem Streckennetz, anhand dessen Sie Ihren Zielbahnhof und den Fahrpreis herausfinden können. Fahrscheine müssen bis zum Verlassen der U-Bahnstation aufbewahrt werden.

Bus- und Straßenbahn-Fahrten werden beim Einsteigen – bzw. in manchen Städten auch beim Aussteigen – in einen Automaten beim Fahrer oder beim Schaffner gezahlt. Es kann auch sein, dass man beim Einsteigen eine Nummernkarte 整理券 seiriken ziehen muss: Der Fahrpreis wird dann für die jeweiligen Nummern auf einer Anzeigetafel über dem Fahrer angegeben.

Wann fährt der nächste Bus nach …?	… へ行く次のバスは何時に出ますか。 … e iku tsugi no basu wa nanji ni demasu ka?
Wann fährt der letzte Bus?	最終のバスは何時ですか。 saishū no basu wa nanji desu ka?
Fährt dieser Bus nach …?	このバスは … へ行きますか。 kono basu wa … e ikimasu ka?
Muss ich nach … umsteigen?	… へ行きたいのですが、乗り換える必要がありますか。 … e ikitai no desu ga, norikaeru hitsuyō ga arimasu ka?

Sagen Sie mir bitte, wo ich aussteigen muss?	降りるところを教えてください。 oriru tokoro o oshiete kudasai.
Sagen Sie mir bitte, wo ich umsteigen muss?	乗り換えるところを教えてください。 norikaeru tokoro o oshiete kudasai.
Wo gibt es die Fahrscheine?	切符はどこで買えますか。 kippu wa doko de kaemasu ka?
Bitte einen Fahrschein nach …	… への切符をください。 … e no kippu o kudasai.
Gibt es Tageskarten?	一日乗車券がありますか。 ichinichi jōshaken ga arimasu ka?
Gibt es Mehrfahrtenkarten?	回数券がありますか。 kaisūken ga arimasu ka?

Taxi

info Taxistände gibt es an allen Bahnhöfen und U-Bahn-Stationen. In den größeren Städten fahren auch freie Taxis durch die Straßen, die man dann heranwinken kann. Ob ein Taxi frei ist oder besetzt, erkennt man an dem Schild 空車 kūsha (frei) bzw. 賃走 chinsō (besetzt) hinter der Windschutzscheibe. Nachts leuchtet bei freien Taxis eine Lampe auf dem Dach.
Praktisch ist es, einen Stadtplan mit japanischen Schriftzeichen und Kärtchen des Hotels zum Zeigen bei sich zu haben.

Könnten Sie mir für (morgen um) … Uhr ein Taxi bestellen?	（あしたの）… 時にタクシーを予約していただきませんか。 (ashita no) … ji ni takushī o yoyaku shite itadakimasen ka?

Bitte …	… お願いします。 … o-negai shimasu.
– zum Bahnhof!	– 駅まで eki made
– zum Flughafen!	– 空港まで kūkō made
– zum Hotel …!	– … ホテルまで … hoteru made
– in die Innenstadt!	– 町の中央に machi no chūō ni

info Die wenigsten Straßen in Japan haben einen Namen. Die meisten Städte sind in Bezirke eingeteilt, und die Häuser in den jeweiligen Unterbezirken sind nach dem Zeitpunkt ihrer Erbauung durchnummeriert. Bei unbekanntem Ziel empfiehlt es sich daher, eine Anfahrtsbeschreibung oder -skizze mitzunehmen.

Wie viel kostet es nach …?	… まではいくらになるでしょうか。 … made wa ikura ni naru deshō ka?
Warten Sie hier bitte (einen Augenblick)!	ここで（ちょっと）待ってください。 koko de (chotto) matte kudasai.

Bus, Bahn, Taxi: weitere Wörter

Abfahrt	出発 shuppatsu
aussteigen	降りる oriru
Busbahnhof	バス乗り場 basu noriba
Endstation	終点 shūten
Fahrer	運転手 untenshu
Fahrkarte	切符 kippu
Fahrkartenautomat	券売機 kenbaiki
Fahrplan	時刻表 jikokuhyō
Fahrpreis	運賃 unchin
halten	停車する teisha suru
Haltestelle (*Bus*)	バス停 basu-tei
Richtung	方向 hōkō
Schaffner	車掌 shashō
Stadtzentrum	町の中心街 machi no chūshingai
Taxistand	タクシー乗り場 takushī noriba

Per Anhalter

Fahren Sie nach …?	… へ行きますか。 … e ikimasu ka?
Können Sie mich mitnehmen?	乗せていってくれませんか。 nosete itte kuremasen ka?

どこに下りたいのですか。 doko ni oritai no desu ka?

Wo wollen Sie aussteigen?

Bitte lassen Sie mich hier aussteigen.

ここに降ろしてください。 koko ni oroshite kudasai.

Vielen Dank fürs Mitnehmen.

乗せてくれまして、ありがとうございました。 nosete kuremashite, arigatō gozaimashita.

Reisen mit Kindern

Bis zu welchem Alter fahren Kinder umsonst?
子供は何歳まで無料ですか。

Gibt es hier einen Kinderspielplatz?
この近くに子供の遊び場がありますか。

info Kinderwagen sind selten zu sehen. In den großen Kaufhäusern kann man sich jedoch für den Einkauf einen Kinderwagen ausleihen. Auch Stillzimmer und Wickelräume sind meistens vorhanden.

Häufige Fragen

Gibt es eine Ermäßigung für Kinder?	子供割引がありますか。 kodomo waribiki ga arimasu ka?
Bis / Ab wie viel Jahren?	何歳まで / からですか。 nansai made / kara desu ka?
Bitte Eintrittskarten / Fahrkarten für zwei Erwachsene und zwei Kinder.	入場券 / 切符を大人二枚と子供二枚ください。 nyūjōken / kippu o otona nimai to kodomo nimai kudasai.
Gibt es hier einen Kinderspielplatz?	この近くに子供の遊び場がありますか。 kono chikaku ni kodomo no asobiba ga arimasu ka?
Wie alt ist Ihr Kind?	お子さんは何歳ですか。 o-ko-san wa nansai desu ka?
Meine Tochter / Mein Sohn ist … Jahre alt.	娘 / 息子は … 歳です。 musume / musuko wa … sai desu.

► Zu Altersangaben siehe Info auf Seite 17

Haben Sie spezielle Angebote für Kinder?	子供向けの特別なサービスがありますか。 kodomo muke no tokubetsu na sabisu ga arimasu ka?
Wo ist hier ein Wickelraum?	ベビー休憩室はどこですか。 bebī kyūkeishitsu wa doko desu ka?

Wo können wir … kaufen?	… はどこで買えますか。 … wa doko de kaemasu ka?
– Babynahrung – Kinderkleidung – Windeln	– ベビーフード bebī fūdo – 子供の服 kodomo no fuku – オムツ o-mutsu
Haben Sie ein kleines Mädchen / einen kleinen Jungen gesehen?	小さい女の子 / 小さい男の子を見ましたか。 chīsai onna no ko / chīsai otoko no ko o mimashita ka?

In Verkehrsmitteln

Haben Sie für den Leihwagen auch einen Kinderautositz?	チャイルドシートも借りられますか。 chairudo shīto mo kariraremasu ka?
Kann ich einen Kinderfahrradsitz ausleihen?	自転車用チャイルドシートが借りられますか。 jitensha-yō chairudo shīto ga kariraremasu ka?
Bis zu welchem Alter fahren Kinder umsonst?	子供は何歳まで無料ですか。 kodomo wa nansai made muryō desu ka?

Im Hotel

Könnten Sie ein Kinderbett aufstellen?	子供用ベッドを入れていただけませんか。 kodomo yō beddo o irete itadakemasen ka?
Haben Sie ein Unterhaltungsprogramm für Kinder?	子供向けのイベントをやっていますか。 kodomo-muke no ibento o yatte-imasu ka?

Im Restaurant

Haben Sie einen Hochstuhl?	子供用椅子がありますか。 kodomo yō isu ga arimasu ka?
Könnten Sie bitte das Fläschchen aufwärmen?	哺乳びんを温めていただけませんか。 honyūbin o atatamete itadakemasen ka?
Haben Sie ein Kindermenü?	お子様ランチがありますか。 o-kosama ranchi ga arimasu ka?

Vergnügungen

Ist es für Kinder gefährlich?	子供には危ないですか。 kodomo ni wa abunai desu ka?
Gibt es Schwimmunterricht / eine Skischule für Kinder?	子供向けの水泳教室 / スキー教室がありますか。 kodomo muke no suiei kyōshitsu / sukī kyōshitsu ga arimasu ka?
Gibt es auch ein Kinderbecken?	子供用のプールがありますか。 kodomo yō no pūru ga arimasu ka?

Kinderbetreuung

Können Sie uns einen verlässlichen Babysitter empfehlen?	安心してお願いできるベビーシッターを紹介していただけませんか。 anshin shite o-negai dekiru bebī shittā o shōkai shite itadakemasen ka?
Ab wie viel Jahren gibt es eine Kinderbetreuung?	子供の一時保育は何歳からですか。 kodomo no ichiji hoiku wa nansai kara desu ka?

Gesundheit

Können Sie mir einen Kinderarzt / ein Kinderkrankenhaus empfehlen?

小児科医 / 小児科病院を紹介していただけませんか。
shōnikai / shonika byōin o shōkai shite itadakemasen ka?

Mein Kind ist allergisch gegen Milchprodukte.

この子は牛乳アレルギーがあります。 kono ko wa gyūnyū arerugī ga arimasu.

► *Krankheiten und Beschwerden,* Seite 192

Reisen mit Kindern: weitere Wörter

Allergie アレルギー arerugī
Ausschlag 発疹 hasshin
Babyfläschchen 哺乳びん honyūbin
Babypuder ベビーパウダー bebī paudā
Freizeitpark 遊園地 yūenchi

Impfpass	予防接種記録カード	yobō sesshu kiroku kādo
Insektenstich	虫刺され	mushi sasare
Kinderbett	子供用ベッド	kodomo yō beddo
Kinderteller	お子様ランチ	o-kosama ranchi
Kinderwagen	ベビーカー	bebī kā
Mückenschutz	虫除け	mushi yoke
Sauger	ゴム乳首	gomu chikubi
Schirmmütze	キャップ	kyappu
Schnuller	おしゃぶり	o-shaburi
Schwimmflügel	アームフロート	āmu furōto
Schwimmreif	浮輪	ukiwa
Sohn	息子	musuko
Spielplatz	子供の遊び場	kodomo no asobiba
Spielzeug	おもちゃ	omocha
Stillzimmer	授乳室	junyūshitsu
Tochter	娘	musume
Wickelkommode	オムツ替え台	o-mutsu kae dai

Behinderte

Gibt es einen stufenlosen Eingang?
段差のない入り口がありますか。

Können Sie mir bitte helfen?
手伝っていただけませんか。

info Japan ist für behinderte Menschen gut zu bereisen. Viele Hotels verfügen über behindertengerechte Einrichtungen. Bahnhöfe, Flughäfen, Museen und viele öffentliche Gebäude sind mit Rampen für Rollstuhlfahrer ausgestattet, und an den Eingängen gibt es fast überall zusammenklappbare Rollstühle. Bei Treppen finden Sie oft Hinweisschilder, wie Behinderte diese umgehen können bzw. wo der nächste Aufzug ist, und die Bedienungstafeln für Aufzüge sind auch in für Rollstuhlfahrer erreichbarer Höhe angebracht.

Die meisten öffentlichen Verkehrsmittel sind behindertengerecht, und Ampeln geben in der Grünphase auch akustische Signale (meist als Kuckucksruf oder Vogelgezwitscher).

Im Internet unter www.wakakoma.org/aj/index.htm finden Sie auf Englisch so wertvolle Informationen wie Verzeichnisse von behindertengerechten Hotels und für Rollstuhlfahrer zugänglichen Bahnhöfe und Sehenswürdigkeiten.

Um Hilfe bitten

Können Sie mir bitte helfen?
手伝っていただけませんか。
tetsudatte itadakemasen ka?

Ich bin gehbehindert.
私は足が不自由です。
watashi wa ashi ga fujiyū desu.

Ich bin körperbehindert.
私は体が不自由です。
watashi wa karada ga fujiyū desu.

Ich bin sehbehindert.
私目が不自由です。
watashi wa me ga fujiyū desu.

Ich bin hörgeschädigt / taub.
私は難聴者 / 耳が不自由です。
watashi wa nanchōsha / mimi ga fujiyū desu.

Ich höre schlecht.
耳が悪いです。
mimi ga warui desu.

Können Sie bitte lauter reden?
もう少し大きい声で話してくれませんか。 mō sukoshi ōkii koe de hanashite kuremasen ka?

Können Sie das bitte aufschreiben?
書いていただけませんか。
kaite itadakemasen ka?

Unterwegs

Ist es für Rollstuhlfahrer geeignet?
車椅子に対応していますか。
kuruma-isu ni taiō shite imasu ka?

Gibt es eine Rampe für Rollstuhlfahrer?
車椅子用スロープがありますか。 kuruma-isu yō surōpu ga arimasu ka?

Gibt es hier eine Behindertentoilette?
車椅子用トイレがありますか。
kuruma-isu yō toire ga arimasu ka?

Kann ich meinen (zusammenklappbaren) Rollstuhl mitnehmen?

（折り畳み式の）車椅子を持って行けますか。 (oritatami shiki no) kuruma-isu o motte ikemasu ka?

Könnten Sie mir bitte beim Einsteigen / Aussteigen helfen?

乗る / 降りる時手伝っていただけませんか。 noru / oriru toki tetsudatte itadakemasen ka?

Könnten Sie mir bitte die Tür öffnen / aufhalten?

ドアを開けて / 開けておいてくれませんか。 doa o akete / akete oite kuremasen ka?

Haben Sie einen Platz, wo ich meine Beine ausstrecken kann?

足が伸ばせる席がありますか。 ashi ga nobaseru seki ga arimasu ka?

Im Hotel

Hat das Hotel behindertengerechte Einrichtungen?	そのホテルは身体障害者に対応していますか。 sono hoteru wa shintai shōgaisha ni taiō shite imasu ka?
Gibt es einen stufenlosen Eingang?	段差のない入り口がありますか。 dansa no nai iriguchi ga arimasu ka?
Haben Sie einen Rollstuhl für mich?	車椅子の貸し出しはありますか。 kuruma-isu no kashidashi wa arimasu ka?
Können Sie mir das Gepäck aufs Zimmer tragen?	荷物を部屋に運んでいただけませんか。 nimotsu o heya ni hakonde itadakemasen ka?
Können Sie mir das Gepäck zum Taxi tragen?	荷物をタクシーまで運んでいただけませんか。 nimotsu o takushī made hakonde itadakemasen ka?
Wo ist der nächste Fahrstuhl?	ここから一番近いエレベーターはどこですか。 koko kara ichiban chikai erebētā wa doko desu ka?
Könnten Sie für mich den Knopf drücken?	ボタンを押してくれませんか。 botan o oshite kuremasen ka?

Behinderte: weitere Wörter

Aufzug	エレベーター erebēta
Begleitperson	同伴者 dōhansha
behindertengerecht	障害者対応 shōgaisha taiō
blind	目の不自由（な） me no fujiyū (na)
Blindenhund	盲導犬 mōdōken
ebenerdig	バリアフリー baria furī

Fahrstuhl	エレベーター erebēta
Hebebühne	リフト rifuto
Krücke	松葉づえ matsubazue
querschnittsgelähmt	対麻痺（の） tsuimahi (no)
Rollstuhl	車椅子 kuruma-isu
Rolltreppe	エスカレーター esukarētā
stufenlos	バリアフリー baria furī
Taststock	白杖 hakujō
taub	耳の不自由（な） mimi no fujiyū (na)

Kommunikation

Ich hätte gern eine Telefonkarte.
テレフォンカードをください。

Wo gibt es hier ein Internet-Café?
インターネットカフェはどこにありますか。

Telefon

Wo kann ich hier telefonieren?

公衆電話はどこにありますか。 kōshū denwa wa doko ni arimasu ka?

info Öffentliche Telefone finden Sie an allen Bahnhöfen und anderen belebten Orten. Telefonkarten sind an den Bahnhofskiosken oder in 24-Stunden-Läden コンビニ konbini erhältlich.

Es gibt verschiedene Arten von Telefonen, nicht von allen kann man ins Ausland telefonieren. Von einem mit ICD-Symbol gekennzeichneten Apparat können Sie mit einer normalen Telefonkarte ins Ausland telefonieren. Mit einer internationalen Calling Card 国際電話カード kokusai denwa kādo können Sie von fast jedem Telefon aus telefonieren.

Ausländische Handys funktionieren in Japan nicht, es sei denn, es handelt sich um ein Satelliten- oder UMTS-Handy. An den internationalen Flughäfen können Handys jedoch für Kurzzeitaufenthalte ausgeliehen werden.

Ich hätte gern eine Telefonkarte (zu … Yen).

(…円の)テレフォンカードをください。 (… en no) terefon kādo o kudasai.

Entschuldigung, ich brauche Münzen zum Telefonieren.

すみませんが、電話をかけるのに小銭が要るのですが。 sumimasen ga, denwa o kakeru no ni kozeni ga iru no desu ga.

Wie ist die <u>Ortsvorwahl</u> / <u>Ländervorwahl</u> von …?

… の<u>市外局番</u> / <u>国番号</u>は何番ですか。 … no <u>shigaikyokuban</u> / <u>kokubangō</u> wa nanban desu ka?

Hallo? Hier ist …	もしもし。… です。 moshi moshi. … desu.
Ich möchte … sprechen.	… とお話したいのですが。 … to o-hanashi shitai no desu ga.
私です。 watashi desu.	Am Apparat.
すみませんが、… は今おりません。 sumimasen ga, … wa ima orimasen.	… ist leider nicht da.
何かお伝えしましょうか。 nani ka o-tsutae shimashō ka?	Kann ich etwas ausrichten?
おつなぎします。 o-tsunagi shimasu.	Ich verbinde.
… は今話し中です。 … wa ima hanashi-chū desu.	… spricht gerade.
… は今日外出しております。 … wa kyō gaishutsu shite orimasu.	… ist heute nicht im Haus.
電話を切らずにお待ちください。 denwa o kirazu ni o-machi kudasai.	Bitte bleiben Sie am Apparat.
Was kostet ein 3-minütiges Gespräch nach Deutschland?	ドイツへの国際電話は 3 分でいくらですか。 doitsu e no kokusai denwa wa sanpun de ikura desu ka?

Bitte ein Ferngespräch nach Deutschland.

ドイツへの国際電話をお願いします。 doitsu e no kokusai denwa o o-negai shimasu.

Bitte ein R-Gespräch.

コレクトコールをお願いします。
korekuto kōru o o-negai shimasu.

話中です。
hanashi-chū desu.

Die Leitung ist besetzt.

誰もでません。
dare mo demasen.

Es meldet sich niemand.

Ab wie viel Uhr gilt der Nachttarif?

深夜料金は何時からですか。
shinya ryōkin wa nanji kara desu ka?

Telefon: weitere Wörter

Akku	バッテリー batterī
Handy	携帯電話 keitai denwa
Handynummer	携帯番号 keitai bangō
Ladekabel	充電ケーブル jūden kēburu
Mobiltelefon	携帯電話 keitai denwa
SMS	SMS esu emu esu
Telefon	電話 denwa
Telefonnummer	電話番号 denwa bangō
Telefonzelle	公衆電話 kōshū denwa

Internet-Café

Wo gibt es hier ein Internet-Café?	インターネットカフェはどこにありますか。 intānetto kafe wa doko ni arimasu ka?
Ich möchte eine E-Mail senden.	メールが送りたいのですが。 mēru ga okuritai no desu ga.
Welchen Computer kann ich benutzen?	どのコンピュータを使えばいいですか。 dono konpyūta o tsukaeba ii desu ka?
Was kostet das für eine Viertelstunde?	使用料金は１５分でいくらですか。 shiyō ryōkin wa jūgofun de ikura desu ka?
Könnten Sie mir helfen?	ちょっと手伝っていただけませんか。 chotto tetsudatte itadakemasen ka?

info Viele Hotels bieten ihren Gästen kostenfreien Internet-Zugang an.

E-Mail

Posteingang	受信トレイ jushin torei
Mail lesen	メールを読む mēru o yomu
Abmelden	ログオフ rogu ofu
Neue Nachrichten	新着メール shinchaku mēru
Papierkorb	ゴミ箱 gomi bako
Löschen	削除 sakujo
Senden	送信 sōshin
Versendete Mails	送信済みアイテム sōshin sumi aitemu
Neue Mail (verfassen)	メールの作成 mēru no sakusei
Drucken	印刷 insatsu
Speichern	保存 hozon
Antwort	返信 henshin
Antwort an alle	全員へ返信 zenin e henshin
Zurück	戻る modoru
Entwürfe	下書き shitagaki
Weiterleiten	転送 tensō

Essen und Trinken

Was empfehlen Sie mir?
お勧めは。

Bitte bringen Sie mir noch etwas Reis.
ご飯のお代わりをください。

info Japaner essen sehr häufig auswärts, und so gibt es in Japan sehr viele Restaurants. Es wird mittags und abends warm gegessen. Zur Mittagszeit bieten die meisten Restaurants günstigere Menüs **定食** teishoku oder Tagesessen **日替わり定食** higawari teishoku an.

Nachdem Sie im Restaurant Platz genommen haben, bringt man Ihnen ein feuchtes Tuch **お絞り** o-shibori, mit dem Sie sich die Hände reinigen können. Außerdem wird Ihnen zuerst ein kostenloses Getränk – je nach Jahreszeit kaltes Wasser **お水** o-mizu oder heißer Tee **お茶** o-cha – serviert. Sie müssen deshalb nicht unbedingt zusätzlich etwas zu Trinken bestellen.

Beim traditionellen japanischen Essen gibt es keine strenge Abfolge der einzelnen Gänge, vielmehr wird alles – viele appetitlich angerichtete Kleinigkeiten – gleichzeitig serviert. Ein traditionelles Essen besteht mindestens aus einer Suppe, Reis, Fisch bzw. Fleisch, etwas Gemüse und Eingelegtem. Es wird alles durcheinander gegessen.

Stecken Sie die Stäbchen nicht senkrecht in eine gefüllte Reisschale. Auf diese Weise wird nämlich den Verstorbenen vor dem Hausaltar ein Speiseopfer dargeboten.

Viele Restaurants haben sich auf bestimmte Gerichte spezialisiert, wie z.B. auf Sushi. Sehr verbreitet sind Nudel- und Nudelsuppenrestaurants, in denen Sie recht preiswert essen können.

In einfachen Restaurants steht am Eingang ein Food-Ticket-Automat, an dem Sie einen Coupon für Ihr Essen ziehen, den Sie dann an der Theke abgeben.

In Restaurants mit den folgenden Aufschriften bekommen Sie:

豚カツ tonkatsu panierte Schnitzel

すき焼き sukiyaki Rindfleischfondue mit Gemüse

寿司 sushi Sushi

そば soba, ラーメン(屋) rāmen(-ya) Nudelsuppen

しゃぶしゃぶ shabushabu Rindfleischfondue mit Brühe

カレー(ライス) karē (raisu) Curry Reis

お好み焼き o-konomi yaki Pfannkuchen mit Gemüse, Ei, Speck und evtl. weiteren Zutaten.

Reservieren und Platz nehmen

Wo gibt es hier in der Nähe …	この近くに … がありますか。 kono chikaku ni … ga arimasu ka?
– ein Café?	– 喫茶店 kissaten
– eine Kneipe?	– 居酒屋 izaka-ya
– ein preiswertes Restaurant?	– 安いレストラン yasui resutoran
– ein typisch japanisches Restaurant?	– 典型的な日本料理屋 tenkeiteki na nihon ryōri-ya
何名さまですか。 nanmei sama desu ka?	Wie viele Personen sind Sie?
Zwei / … Personen.	二人 / … 人ですが。 futari / … nin desu ga.

info In Japan wird man meistens beim Betreten des Restaurants nach der Personenzahl gefragt und bekommt dann einen Tisch zugewiesen.

Ich möchte einen Tisch für zwei / sechs Personen um … Uhr reservieren.	… 時に2人 / 6人分のテーブルを予約したいのですが。 … ji ni futari / rokunin bun no tēburu o yoyaku shitai no desu ga.
Wir haben einen Tisch für … Personen reserviert (auf den Namen …).	（…と申しますが、）… 人用のテーブルを予約しました。 (… to mōshimasu ga,) … nin yō no tēburu o yoyaku shimashita.
Entschuldigung, wo sind hier die Toiletten?	すみませんが、お手洗いはどこですか。 sumimasen ga, o-tearai wa doko desu ka?

► Für die Antwort: *Orts- und Richtungsangaben*, Seite 42

Speisekarte

モーニングサービス

Frühstückskarte

和食 washoku	japanisches Frühstück
生卵 nama tamago	rohes Ei
焼き魚 yakizakana	gegrillter Fisch
ご飯 gohan	Reis
スープ sūpu	Suppe
味噌汁 miso shiru	Miso-Suppe
お茶 o-cha	grüner Tee

洋食 yōshoku	westliches Frühstück
トースト tōsuto	Toast
パン pan	Brot
スクランブルエッグ sukuranburu eggu	Rührei
サラダ sarada	Salat
ソーセージ sōsēji	Würstchen
ヨーグルト yōguruto	Jogurt
コーヒー kōhī	Kaffee
紅茶 kōcha	schwarzer Tee
レモンティー remon tī	Tee mit Zitrone
ココア kokoa	heiße Schokolade
オレンジジュース orenji jūsu	Orangensaft
牛乳 gyūnyū	Milch

寿司屋

Sushi-Restaurant

寿司 sushi	gesäuerter Reis
握り寿司 nigirizushi	Reisbällchen mit Fischfilet belegt
巻寿司 makizushi	gerollte Sushi
稲荷寿司 inarizushi	frittierte Tofu-Taschen mit Sushi-Reis gefüllt
散らし寿司 chirashizushi	gemischter Sushireis
酢取りショウガ sudori shōga	eingelegter Ingwer
ガリ gari	eingelegter Ingwer
わさび wasabi	Meerrettich
醤油 shōyu	Soya-Soße
卵 tamago	Ei

魚介類

Fische, Muscheln, Schalentiere

鰻、ウナギ	unagi	Aal
鰹、カツオ	katsuo	Bonitofisch
鱈、タラ	tara	Dorsch
鱒、マス	masu	Forelle
蝦、海老、エビ	ebi	Garnele
平目、ヒラメ	hirame	Heilbutt
鰊、ニシン	nishin	Hering
鮭、サケ	sake	Lachs
帆立(貝)	hotate(kai)	Kammmuschel
鯖、サバ	saba	Makrele
鯛、タイ	tai	Meerbrasse
タコ	tako	Oktopus
鯵、アジ	aji	Rossmakrele
鰯、イワシ	iwashi	Sardine
鰈、カレイ	karei	Scholle
ウニ	uni	Seeigel
穴子、アナゴ	anago	Süßwasseraal
鮎、アユ	ayu	Süßwasserlachs
鮪、マグロ	maguro	Thunfisch
トロ	toro	Thunfisch (*Filet*)
イカ	ika	Tintenfisch
ハマグリ	hamaguri	Venusmuschel

そば屋・ラーメン屋・スパゲッティー屋

Nudel-Restaurant

そば	soba	Buchweizennudeln
うどん	udon	dicke Nudeln
ざるそば	zaru soba	kalte Soba-Nudeln
おろしそば	oroshi soba	kalte Soba-Nudeln mit geriebenem Rettich
かけそば	kake soba	warme Soba-Nudeln in Brühe
月見そば	tsukimi soba	warme Soba-Nudeln mit Ei
きつねうどん	kitsune udon	warme Udon-Nudeln mit frittiertem Tofu
たぬきうどん	tanuki udon	warme Udon-Nudeln mit frittierter Tempura-Panade
焼きそば	yaki soba	gebratene Nudeln mit Gemüse und Fleisch
ラーメン	rāmen	chinesische Nudeln
スパゲッティー	supagettī	Spaghetti

メニュー

Speisekarte

汁物

Suppen

味噌汁 miso shiru	Miso-Suppe
コーンスープ kōn sūpu	Mais-Suppe
かぼちゃスープ kabocha sūpu	Kürbis-Suppe

揚げ物

Frittiertes

揚げ出し豆腐 agedashi dōfu	frittierter Tofu
エビフライ ebi furai	frittierte Garnelen
牡蠣フライ kaki furai	frittierte Austern
天ぷら tenpura	ausgebackenes Gemüse oder Fisch
コロッケ korokke	Kroketten
鶏の唐揚げ tori no karaage	frittierte Hühnerbrust
串かつ kushikatsu	frittierte Spießchen

一品料理

Einzelgerichte

茶碗蒸し	chawan mushi	Eierstich
焼き鳥	yakitori	gegrillte Hähnchenspieße
刺身	sashimi	roher Fisch
ご飯物	yakizakana	gegrillter Fisch
白ご飯	shiro gohan	weißer Reis
お茶漬け	o-chazuke	Reis in Tee oder Brühe
お握り	o-nigiri	kalte Reisbällchen
卵丼	tamago donburi	Reistopf mit angestocktem Ei
親子丼	oyako donburi	Reistopf mit Hühnchenfleisch und Ei
牛丼	gyūdon	Reistopf mit Rindfleisch
天丼	tendon	Reistopf mit ausgebackenem Gemüse und Fisch
オムライス	omuraisu	Omelett mit Reisfüllung
ピラフ	pirafu	gebratener Reis mit Gemüse

サラダ

Salat

野菜サラダ	yasai sarada	Salat
大根サラダ	daikon sarada	Rettichsalat
ポテトサラダ	poteto sarada	Kartoffelsalat
ミックスサラダ	mikkusu sarada	gemischter Salat

野菜

Gemüse

なす nasu	Aubergine
竹の子 take no ko	Bambussprossen
さやいんげん saya ingen	grüne Bohnen
豆 mame	Bohnen *(Kerne)*
ブロッコリ burokkori	Brokkoli
白菜 hakusai	Chinakohl
グリーンピース gurīn pīsu	Erbsen
きゅうり kyūri	Gurke
人参 ninjin	Karotte
じゃが芋 jagaimo	Kartoffel
ねぎ negi	Lauch
蓮根 renkon	Lotuswurzel
ピーマン pīman	Paprika
トウモロコシ tōmorokoshi	Mais
人参 ninjin	Möhren
きのこ kinoko	Pilz
大根 daikon	Rettich
ごぼう gobō	Schwarzwurzel
しいたけ shītake	Shiitake-Pilze
もやし moyashi	Sojasprossen
アスパラガス asuparagasu	Spargel
ほうれん草 hōrensō	Spinat
さつま芋 satsumaimo	Süßkartoffel
トマト tomato	Tomate
玉ねぎ tamanegi	Zwiebel

作り方

Zubereitungsarten

煮物	nimono	gekocht
焼き、焼いた	yaki, yaita	gegrillt
揚げた	ageta	frittiert
いたみ	itami	gedämpft, gebraten

デザート

Nachtisch

アイスクリーム	aisu kurīmu	Eis
抹茶アイス	matcha aisu	Eis von grünem Tee
小豆アイス	azuki aisu	Eis von roten Azuki-Bohnen
あんみつ	anmitsu	Götterspeise mit Früchten und roten Azuki-Bohnen
ゼリー	zerī	Götterspeise
プリン	purin	Pudding
餅	mochi	Reisklöße

ケーキ

Kuchen und Gebäck

イチゴケーキ	ichigo kēki	Erdbeerkuchen
チーズケーキ	chīzu kēki	Käsekuchen
シュークリーム	shū kurīmu	Windbeutel
フルーツケーキ	furūtsu kēki	Obstkuchen

お飲み物

Getränkekarte

ワイン・ビール・日本酒

Alkoholische Getränke

生ビール nama bīru	Fassbier
ビール bīru	Bier
お酒 o-sake	Sake
日本酒 nihonshu	Sake
赤ワイン aka wain	Rotwein
白ワイン shiro wain	Weißwein
焼酎 shōchū	japanischer Schnaps
ウオッカ uokka	Wodka
ウイスキー uisukī	Whisky
酎ハイ chūhai	verdünnter Alkohol mit Zitrone
梅酒 umeshu	Pflaumenwein

ソフトドリンク

Alkoholfreie Getränke

りんごジュース ringo jūsu	Apfelsaft
オレンジジュース orenji jūsu	Orangensaft
グレープフルーツジュース gurēpufurūtsu jūsu	Grapefruitsaft

ミネラルウオーター mineraru uōtā	Mineralwasser
アイスコーヒー aisu kōhī	eisgekühlter Kaffee
アイスティー aisutī	Eistee
コーラ kōra	Cola
ウーロン茶 ūron cha	Oolon Tee
お茶 o-cha	grüner Tee
コーヒー kōhī	Kaffee
ハーブティー hābu tī	Kräutertee
紅茶 kōcha	schwarzer Tee
レモンティー remon tī	Tee mit Zitrone
ココア kokoa	heiße Schokolade

Bestellen

Die Karte bitte.	メニューをください。 menyū o kudasai.
Ich möchte nur eine Kleinigkeit essen.	軽いものだけを食べたいのですが。 karui mono dake o tabetai no desu ga.
Ich möchte nur etwas trinken.	飲み物だけにしたいのですが。 nomimono dake ni shitai no desu ga.
Gibt es jetzt noch etwas zu essen?	まだ何か食事はありますか。 mada nani ka shokuji wa arimasu ka?
飲み物の方は何になさいますか。 nomimono no hō wa nani ni nasaimasu ka?	Was möchten Sie trinken?
Ich möchte …	… ください。 … kudasai.
– einen Orangensaft.	– オレンジジュースを orenji jūsu o
– ein Bier.	– ビールを bīru o
– eine Flasche Bier.	– ビールを1本 bīru o ippon
– zwei Flaschen Bier.	– ビールを2本 bīru o nihon

info Um die Bedienung auf sich aufmerksam zu machen, geben Sie ein Handzeichen oder rufen すみません sumimasen.
Viele Restaurants haben im Schaufenster ihre Gerichte in Plastik nachgebildet. Hier können Sie ganz einfach bestellen, indem Sie auf ihr Wunschgericht deuten.

お食事のほうは何になさいますか。 o-shokuji no hō wa nani ni nasaimasu ka?	Was möchten Sie essen?
Ich möchte das Menü zu … Yen.	… 円の定食にします。 … en no teishoku ni shimasu.
Was empfehlen Sie mir?	お勧めは。 o-susume wa?
Was ist heute das Tagesgericht?	今日の日替わりは何ですか。 kyō no higawari wa nan desu ka?
Was sind die Spezialitäten aus dieser Region?	この地方の名物は何ですか。 kono chihō no meibutsu wa nan desu ka?
Haben Sie vegetarische Gerichte?	精進料理がありますか。 shōjin ryōri ga arimasu ka?
Ist … in dem Gericht? Ich darf das nicht essen.	その料理には … が入っていますか。それは食べられません。 sono ryōri ni wa … ga haitte imasu ka? sore wa taberaremasen.
Für mich bitte ohne …	… なしでお願いします。 … nashi de o-negai shimasu.
Könnte ich statt … bitte … haben?	… の代わりに … をいただけませんか。 … no kawari ni … o itadakemasen ka?
Bitte bringen Sie mir noch etwas Reis.	ご飯のお代わりをください。 gohan no o-kawari o kudasai.
Könnte ich ein Messer und eine Gabel bekommen?	ナイフとフォークをいただけませんか。 naifu to fōku o itadakemasen ka?

Reklamieren

Das habe ich nicht bestellt. Ich wollte …	これを注文していません。… を頼んだのですが。 kore o chūmon shite imasen. … o tanonda no desu ga.
Haben Sie unser … vergessen?	… を忘れているのではないでしょうか。 … o wasurete iru no dewa nai deshō ka?
Hier fehlt noch …	… まだですが。 … mada desu ga.
Das Essen ist kalt / versalzen.	この料理は冷えています / 塩辛いですが kono ryōri wa hiete imasu / shiokarai desu ga.
Das Fleisch ist zäh.	肉が硬いですが。 niku ga katai desu ga.

➤ zu Lob: *Gefallen und Missfallen ausdrücken,* Seite 20

Bezahlen

info Wenn alle Bestellungen serviert sind, wird Ihnen der Bestellzettel auf den Tisch gelegt. Nach dem Essen nehmen Sie ihn mit und bezahlen dann an der Kasse am Ausgang. Trinkgeld ist in Japan nicht üblich. Wenn Sie ausdrücken wollen, dass Sie mit dem Essen zufrieden waren, sagen Sie beim Verlassen des Restaurants ご馳走様でした gochisō sama deshita.

Ich möchte eine Quittung bitte.	領収書をお願いします。 ryōshūsho o o-negai shimasu.

Wir möchten getrennt bezahlen. | 別々に払いたいのですが。 betsu betsu ni haraitai no desu ga.

Bitte alles zusammen. | 一緒でいいです。 issho de ii desu.

Ich glaube, hier stimmt etwas nicht. | すみませんが、計算が間違っていると思います。 sumimasen ga, keisan ga machigatte iru to omoimasu.

Vielen Dank. | ご馳走様でした。 gochisō sama deshita.

Gemeinsam essen

info Bevor man mit dem Essen anfängt, sagen diejenigen, die nicht gekocht haben, いただきます itadakimasu, was "ich empfange" bedeutet. Hat man fertig gegessen, bedankt man sich mit der Floskel ご馳走さまでした gochisō sama deshita.

Zum Wohl! | 乾杯。 kanpai.

おいしいですか。 oishii desu ka? | Schmeckt es Ihnen / dir?

Danke, sehr gut. | ええ、とてもおいしいです。 ee, totemo oishii desu.

... をもう少しいかがですか。 ... o mō sukoshi ikaga desu ka? | Noch etwas ...?

Ja, gerne. | あ、いただきます。 a, itadakimasu.

Danke, ich bin satt. | いいえ、結構です。 iie, kekkō desu.

Was ist das?	これは何ですか。 kore wa nan desu ka?
Würden Sie / Würdest du mir bitte … reichen?	すみませんが、…を取ってもらえませんか。 sumimasen ga, … o totte moraemasen ka?
Ich möchte keinen Alkohol trinken.	私はアルコールはちょっと飲みたくないのです。 watashi wa arukōru wa chotto nomitaku nai no desu.
Stört es Sie / dich, wenn ich rauche?	タバコを吸ってもいいですか。 tabako o sutte mo ii desu ka?
Danke für die Einladung.	ご馳走さまでした。 gochisō sama deshita.
Ich möchte Sie / dich einladen.	おごりたいのですが。 ogoritai no desu ga.
Es war ausgezeichnet.	すばらしかった。 subarashikatta.

► *Bitten und danken,* Seite 21

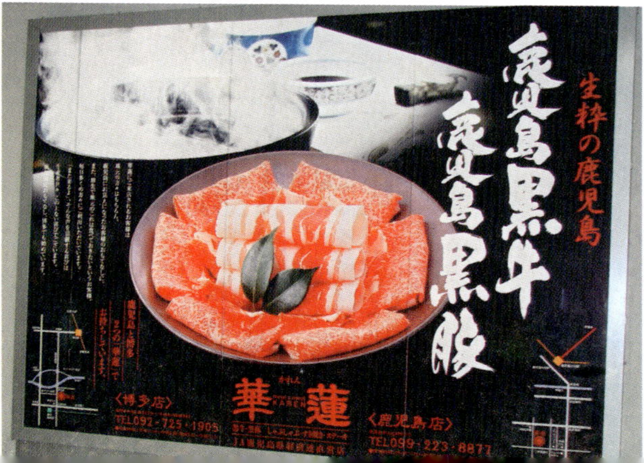

Essen und Trinken: weitere Wörter

Abendessen	晩ご飯 bangohan
Aschenbecher	灰皿 haisara
Beilage	おかず o-kazu
Besteck	ナイフとフォーク naifu to fōku
bestellen	注文する chūmon suru
bezahlen	払う harau
bezahlen, getrennt	別々に払う betsubetsu ni harau
bezahlen, zusammen	一緒に払う issho ni harau
Brot	パン pan
Brot, belegtes	サンドイッチ sandoitchi
Brötchen	ロールパン rōru pan
Butter	バター batā
Diät	ダイエット daietto
durstig sein	喉が渇いている nodo ga kawaite iru
essen	食べる taberu
Essen	食べ物 tabemono
Essstäbchen	（お）箸 (o-)hashi
Essig	（お）酢 (o-)sū
fett	油っこい aburakkoi
Fisch	魚 sakana
Flasche	瓶 bin
Fleisch	肉 niku
frisch	新鮮（な） shinsen (na)
Frühstück	朝ごはん asagohan
frühstücken	朝ごはんを食べる asagohan o taberu
Gabel	フォーク fōku
Gemüse	野菜 yasai
Gemüse, eingelegtes	漬物 tsukemono
Gericht	料理 ryōri
Getränk	飲み物 nomimono

Glas	グラス gurasu
Gräte	魚の骨 sakana no hone
hausgemacht	自家製（の） jikasei (no)
heiß	熱い atsui
hungrig sein	お腹が空いている o-naka ga suite iru
Jogurt	ヨーグルト yōguruto
Kakao	ココア kokoa
kalt	冷たい tsumetai
Kartoffeln	じゃが芋 jagaimo
Käse	チーズ chīzu
Kellner	ウエーター uētā
Kellnerin	ウエートレス uētoresu
Ketchup	ケチャップ kechappu
Kneipe	居酒屋 izaka-ya
Knoblauch	にんにく ninniku
Kuchen	ケーキ kēki
Löffel	スプーン supūn
Margarine	マーガリン māgarin
Marmelade	ジャム jamu
Mayonnaise	マヨネーズ mayonēzu
Menü	定食 teishoku
Messer	ナイフ naifu
Mineralwasser mit Kohlensäure	ソーダ水 sōda sui
Mittagessen	昼ご飯 hiru gohan
Nachtisch	デザート dezāto
Nudeln	麺類 menrui
Obst	果物 kudamono
Öl	油 abura
Pfeffer	コショウ koshō
Pflaumen, eingelegte	梅干 umeboshi
Pilze	きのこ kinoko
Pizza	ピザ piza
Restaurant	レストラン resutoran

Rindfleisch	牛肉 gyūniku
roh	生 nama
Sahne	生クリーム nama kurīmu
Salat	サラダ sarada
Salatsoße	ドレッシング doresshingu
Salz	塩 shio
satt sein	お腹がいっぱいだ o-naka ga ippai da
sauer	すっぱい suppai
scharf	辛い karai
schmecken	おいしい oishii
Senf	辛子 karashi
Serviette	ナプキン napukin
Spezialität	名物 meibutsu
Stuhl	いす isu
Suppe	汁 shiru
süß	甘い amai
Süßstoff	甘味料 kanmiryō
Tasse	カップ kappu
Tee	お茶 o-cha
Teelöffel	ティースプーン tī supūn
Teller	(お)皿 (o-)sara
Tisch	テーブル tēburu
trinken	飲む nomu
vegetarisches Gericht	精進料理 shōjin ryōri
Zahnstocher	爪楊枝 tsumayōji
Zucker	砂糖 satō

► *Lebensmittel,* Seite 115

Einkaufen

Wie viel kostet das?
これはいくらですか。

Können Sie mir noch etwas anderes zeigen?
他のものを見せていただけませんか。

Preise erfragen und bezahlen

info Anders als in vielen asiatischen Ländern ist es in Japan absolut nicht üblich, beim Preis zu handeln. Es gelten überall Festpreise.

Wie viel kostet das?	これはいくらですか。 kore wa ikura desu ka?
Was kostet / kosten …?	… はいくらですか。 … wa ikura desu ka?
Das ist mir zu teuer.	ちょっと高すぎます。 chotto takasugimasu.
Haben Sie auch etwas Preiswerteres?	少し安いのもありますか。 sukoshi yasui no mo arimasu ka?
Haben Sie ein Sonderangebot?	何か特価品がありませんか。 nani ka tokkahin ga arimasen ka?
Kann ich mit (dieser) Kreditkarte zahlen?	（この）クレジットカードで払えますか。 (kono) kurejitto kādo de haraemasu ka?
Ich hätte gerne eine Quittung.	領収書をお願いします。 ryōshūsho o o-negai shimasu.

Allgemeine Wünsche

Wo bekomme ich …?	… どこで買えますか。 … doko de kaemasu ka?
何かお探しですか。 nani ka o-sagashi desu ka?	Was wünschen Sie?

何かお手伝いできることはありませんか。 nani ka o-tetsudai dekiru koto wa arimasen ka?

Kann ich Ihnen helfen?

Danke, ich sehe mich nur um.

いいえ、見て回るだけです。
iie, mite mawaru dake desu.

Ich werde schon bedient.

今、やってもらっています。
ima, yatte moratte imasu.

Ich hätte gerne …

… を探していますが。
… o sagashite imasu ga.

あいにくですが、… は売り切りです。
ainiku desu ga, … wa urikiri desu.

Es tut mir leid, wir haben keine … mehr.

Das gefällt mir nicht so gut.

あれはちょっと気に入りません。 are wa chotto ki ni irimasen.

Können Sie mir noch etwas anderes zeigen?

他のものを見せていただけませんか。 hoka no mono o misete itadakemasen ka?

Ich muss mir das noch mal überlegen.

考えておきます。
kangaete okimasu.

Das gefällt mir. Ich nehme es.

これがいいです。これにします。 kore ga ii desu. kore ni shimasu.

他には何か。
hoka niwa nani ka?

Darf es sonst noch etwas sein?

Danke, das ist alles.

いいえ、結構です。
iie, kekkō desu.

Können Sie es mir für die Reise verpacken?	旅行に持って行けるように包んでいただけませんか。 ryokō ni motte ikeru yō ni tsutsunde itadakemasen ka?
Können Sie es als Geschenk einpacken?	プレゼント用に包んでいただけませんか。 purezento yō ni tsutsunde itadakemasen ka?
Können Sie mir das nach Deutschland schicken?	これをドイツまで送っていただけませんか。 kore o doitsu made okutte itadakemasen ka?
Ich möchte das umtauschen / zurückgeben.	これを交換 / 返品したいのですが。 kore o kōkan / henpin shitai no desu ga.

Preise und Wünsche: weitere Wörter

Ausverkauf	セール sēru
billig(er)	（より）安い (yori) yasui
geben	渡す watasu
Geld	お金 o-kane
Geschenk	プレゼント purezento
groß	大きい ōkii
größer	もっと大きい motto ōkii
kaufen	買う kau
kosten	になる ni naru
Kreditkarte	クレジットカード kurejitto kādo
Quittung	領収書 ryōshūsho
rund	丸い marui
Schaufenster	ショーウインドー shō uindō
Schlussverkauf	大売出し ō'uridashi
Selbstbedienung	セルフサービス serufu sābisu

Sonderangebot	お買い得品 o-kaitokuhin
teuer	高い takai
Tüte	袋 fukuro
umtauschen	交換する kōkan suru
zeigen	見せる miseru
zurückgeben	返品する henpin suru

Geschäfte

info Große Kaufhäuser haben täglich von 10 – 19 Uhr geöffnet. Sie haben jedoch einen Ruhetag 定休日 teikyūbi pro Woche, der je nach Kaufhaus auf einen anderen Wochentag fällt. Kleinere Geschäfte sind in der Regel von 10 – 20 Uhr geöffnet.
Für kleinere Besorgungen gibt es die コンビニ konbini , die rund um die Uhr geöffnet haben und alle notwendigen Dinge des Alltags führen – mit Ausnahme von frischen Lebensmitteln.

Geschäfte

Alkohol	酒屋 saka-ya
Andenkenladen	（お）土産屋 (o-)miyage-ya
Antiquitätengeschäft	骨董屋 kottō-ya
Apotheke	薬屋 kusuri-ya
Bäckerei	パン屋 pan-ya
Blumengeschäft	花屋 hana-ya
Boutique	ブティック butikku
Buchhandlung	本屋 hon-ya
Einkaufspassage	商店街 shōtengai
Elektrohandlung	電気屋 denki-ya
Fischgeschäft	魚屋 sakana-ya
Fotogeschäft	カメラ屋 kamera-ya
Friseur *(für Frauen)*	美容院 biyōin
Friseur *(für Männer)*	床屋 toko-ya
Haushaltswaren	キッチン雑貨店 kitchin zakka-ten
Juwelier	宝石屋 hōseki-ya
Kaufhaus	デパート depāto
Kiosk	売店 baiten
Konditorei	ケーキ屋 kēki-ya
Lebensmittelgeschäft	食料品店 shokuryōhin-ten
Lederwarengeschäft	鞄屋 kaban-ya
Markt	市場 ichiba
Metzgerei	肉屋 niku-ya
Musikgeschäft	CDショップ shī dī shoppu
Obst- und Gemüse	八百屋 yao-ya
Optiker	眼鏡屋 megane-ya
Parfümerie	化粧品店 keshōhin-ten
Reisgeschäft	米屋 kome-ya
Reinigung	クリーニング屋 kurīningu-ya
Schreibwarengeschäft	文房具屋 bunbōgu-ya

Schuhgeschäft	靴屋 kutsu-ya
Schuhmacher	靴修理 kutsu shūri
Sportgeschäft	スポーツ用品店 supōtsu yōhin-ten
Supermarkt	スーパー sūpā
Süßwaren	菓子屋 kashi-ya
Tabakwaren	タバコ屋 tabako-ya
Uhrmacher	時計屋 tokei-ya
Zeitungsstand	キオスク kiosuku

Lebensmittel

Was ist das?	これは何ですか。 kore wa nan desu ka?
Bitte geben Sie mir …	… ください。 … kudasai.
– 100 Gramm …	– … を百グラム … o hyaku guramu
– 1 Pfund …	– … を五百グラム … o gohyaku guramu
– 1 Kilo …	– … を一キロ … o ichi kiro
– 1 Liter …	– … を一リットル … o ichi rittoru
– 4 Scheiben …	– … を４切れ … o yonkire
– 1 Stück …	– … を一個 … o ikko
ちょっと多目でいいですか。 chotto ōme de ii desu ka?	Darf es etwas mehr sein?
Etwas weniger / mehr bitte.	ちょっと多目 / 少な目にしてください。 chotto ōme / sukuname ni shite kudasai.
Kann ich probieren?	味見してもいいですか。 ajimi shite mo ii desu ka?

info Unterwegs verdursten müssen Sie in Japan nicht. Dafür sorgen die Getränkeautomaten "vending machines", die fast an jeder Straßenecke aufgestellt sind. Sie enthalten – in Dosen – gekühlte Säfte, Wasser, Fitness-Drinks, Limonaden und Cola. Kaffee und Tee (wahlweise schwarz, mit Milch und/oder Zucker) gibt es sowohl heiß als auch gekühlt. Auch für Bier und Sake gibt es vending machines. Die meisten Geräte nehmen Münzen und Scheine an – und geben zuverlässig das Wechselgeld heraus.

Obst

Apfel	りんご ringo
Apfelsine	オレンジ orenji
Aprikose	杏 anzu
Banane	バナナ banana
Birne	洋梨 yōnashi
Birne (*japanische*)	なし nashi
Erdbeeren	イチゴ ichigo
Honigmelone	メロン meron
Kaki	柿 kaki
Kirschen	さくらんぼう sakuranbō
Kiwi	キーウイ kīui
Mandarine	みかん mikan
Obst	果物 kudamono
Orange	オレンジ orenji
Pfirsich	桃 momo
Pflaume	梅 ume
Trauben	ぶどう budō
Wassermelone	すいか suika
Zitrone	レモン remon

Lebensmittel: weitere Wörter

Apfelsaft	りんごジュース ringo jūsu
Aubergine	なす nasu
Bambussprossen	竹の子 take no ko
Bier	ビール bīru
Bohnen, grüne	さやいんげん saya ingen
Bohnen (*Kerne*)	豆 mame
Brokkoli	ブロッコリ burokkori
Brot	パン pan
Brötchen	ロールパン rōru pan
Butter	バター batā
Ei	卵 tamago
Eis	アイスクリーム aisu kurīmu
Erbsen	グリーンピース gurīn pīsu
Erdnüsse	ピーナツ pīnatsu
Essig	（お）酢 (o-)su
Esskastanien	栗 kuri
Fisch	魚 sakana
Fleisch	肉 niku
Geflügel	鶏肉 toriniku
Gemüse	野菜 yasai
Gemüse, eingelegtes	漬物 tsukemono
Gewürze	香辛料 kōshinryō
Gurke	きゅうり kyūri
Hackfleisch	ひき肉 hikiniku
Hähnchen	鶏肉 toriniku
Honig	蜂蜜 hachimitsu
Ingwer	生姜 shōga
Jogurt	ヨーグルト yōguruto
Kaffee	コーヒー kōhī

Kakao	ココア kokoa
Kartoffeln	じゃが芋 jagaimo
Käse	チーズ chīzu
Kekse (*japanische)*	(お)せんべい (o-)senbei
Kekse (*westliche)*	クッキー kukkī
Ketschup	ケチャップ kechappu
Knoblauch	にんにく ninniku
Konservierungsstoffe, ohne	無添加保存料 mutenka hozonryō
Kräutertee	ハーブティー hābu tī
Kuchen	ケーキ kēki
Lauch	ねぎ negi
Limonade	レモネード remonēdo
Mais	トウモロコシ tōmorokoshi
Margarine	マーガリン māgarin
Marmelade	ジャム jamu
Meerrettich	わさび wasabi
Milch	牛乳 gyūnyū
Mineralwasser ohne Kohlensäure	ミネラルウオーター mineraru uōtā
Mineralwasser mit Kohlensäure	ソーダ水 sōda sui
Möhren	人参 ninjin
Nudeln	麺類 menrui
Obst	果物 kudamono
Öl	油 abura
Orangensaft	オレンジジュース orenji jūsu
Paprikaschote	ピーマン pīman
Peperoni	唐辛子 tōgarashi
Petersilie	パセリ paseri
Pfeffer	コショウ koshō
Pilze	きのこ kinoko
Reis (*ungekocht)*	米 kome
Reis (*gekocht)*	ご飯 gohan

Reiscracker	せんべい senbei
Rettich	大根 daikon
Rindfleisch	牛肉 gyūniku
Rotwein	赤ワイン aka wain
Saft	ジュース jūsu
Sahne	生クリーム nama kurīmu
Salat	サラダ sarada
Salz	塩 shio
Schinken	ハム hamu
Schokolade	チョコレート chokorēto
Schwarzwurzel	牛蒡 gobō
Schweinefleisch	豚肉 butaniku
Seetang *(gepresst)*	のり nori
Sojabohnen	大豆 daizu
Sojasauce	しょうゆ shōyu
Spargel	アスパラガス asuparagasu
Spinat	ほうれん草 hōrensō
Steak	ステーキ sutēki
Süßstoff	甘味料 kanmiryō
Tee	紅茶 kōcha
Tee, grüner	お茶 o-cha
Thunfisch	鮪 maguro
Tofu	豆腐 tōfu
Tomate	トマト tomato
Walnuss	くるみ kurumi
Wein	ワイン wain
Weißwein	白ワイン shiro wain
Wurst	ソーセージ sōsēji
Würstchen	ソーセージ sōsēji
Zucker	砂糖 satō
Zwiebel	玉ねぎ tamanegi

Souvenirs

info In Japan ist es üblich, auch von kleinen Reisen und Ausflügen ein Mitbringsel mitzubringen. Daher finden Sie in allen touristischen Regionen Souvenirläden mit den lokalen Spezialitäten und Andenken.

Ich möchte …	… を探していますが。 … o sagashite imasu ga.
– ein hübsches Andenken.	– かわいいお土産 kawaii o-miyage
– ein Geschenk.	– プレゼント purezento
– etwas Typisches aus dieser Gegend.	– この地方の典型的な物 kono chihō no tenkeiteki na mono
Ist das Handarbeit?	手作りですか。 tezukuri desu ka?
Ist das antik / echt?	これはアンチーク / 本物ですか。 kore wa anchīku / honmono desu ka?

Souvenirs: weitere Wörter

Andenken	（お）土産 (o-)miyage
antik	アンチーク anchīku
Antiquität	骨とう品 kottōhin
Bambus	竹 take
Baumwollkimono	浴衣 yukata
Essstäbchen	（お）箸 (o-)hashi
Fächer	扇子 sensu
Geschirr	食器 shokki
Gürtel	ベルト beruto
Gürtel (*Kimonogürtel*)	帯 obi
Handarbeit	手作り tezukuri
handgemalt	手描き tegaki
Handtasche	鞄 kaban
Keramik	陶磁器 tōjiki
Kimono	着物 kimono
Lackwaren	塗り物 nurimono
Lampion	提灯 chōchin
Leder	革 kawa
Papier (*japanisches*)	和紙 washi
Puppe	人形 ningyō
Reisschale	お椀 o-wan
Schwert	刀 katana
Tablett	盆 bon
Taschentuch	ハンカチ hankachi
Teekanne	急須 kyūsu
Teeschale	茶碗 chawan
Tischdecke	テーブルクロース tēburu kurōsu
Töpferware	焼き物 yakimono
Vase	花瓶 kabin
Zertifikat	証明書 shōmeisho

Kleidung

Kleidung kaufen

Ich suche …	… を探していますが。 … o sagashite imasu ga.
サイズはおいくつですか。 saizu wa o-ikutsu desu ka?	Welche Größe haben Sie?
Ich habe Größe …	… です。 … desu.
Haben Sie das auch in Größe …?	… サイズの物もありますか。 … saizu no mono mo arimasu ka?
Haben Sie das auch in einer anderen Farbe?	他の色の物もありますか。 hoka no iro no mono mo arimasu ka?

► *Farben,* Seite 124

Kann ich das anprobieren?	試着してもいいですか。 shichaku shite mo ii desu ka?
Wo ist ein Spiegel?	鏡はどこにありますか。 kagami wa doko ni arimasu ka?
Wo sind die Umkleidekabinen?	試着室はどこですか。 shichaku-shitsu wa doko desu ka?
Welches Material ist das?	これは何の素材ですか。 kore wa nan no sozai desu ka?
Es steht mir nicht.	似合わないのではないかと思いますが。 niawanai no dewa nai ka to omoimasu ga.
Das passt gut.	これはいいです。 kore wa ii desu.
Das ist mir zu groß / klein.	大き / 小さ過ぎます。 ooki / chisa sugimasu.

Reinigung

Ich möchte das reinigen lassen.	これをクリーニングして欲しいのですが。 kore o kurīningu shite hoshii no desu ga.
Können Sie diesen Fleck entfernen?	このしみが取れると思いますか。 kono shimi ga toreru to omoimasu ka?
Wann kann ich es abholen?	いつ受け取れますか。 itsu uketoremasu ka?

Stoffe und Materialien

Baumwolle	綿 men
Fleece	フリース furīsu
Kaschmir	カシミヤ kashimiya
Leder	革 kawa

Leinen	麻 asa
Mikrofaser	マイクロファイバー maikuro faibā
Naturfaser	自然繊維 shizen sen'i
Seide	絹 kinu
Synthetik	合繊繊維 gōsen sen'i
Wildleder	バックスキン bakku sukin
Wolle	ウール ūru

Farben

beige	ベージュ（の） bēju (no)
blau	青い aoi
braun	茶色（の） cha-iro (no)
bunt	派手（な） hade (na)
dunkelblau	紺色（の） kon-iro (no)
dunkelrot	臙脂色（の） enji-iro (no)
einfarbig	地味（な） jimi (na)
gelb	黄色い kiiroi
golden	金色（の） kin-iro (no)
grau	グレー（の） gurē (no)
grün	緑色（の） midori-iro (no)
hellblau	水色（の） mizu-iro (no)
lila	紫色（の） murasaki-iro (no)
pink	ピンク（の） pinku (no)
rosa	桃色（の） momo-iro (no)
rot	赤い akai
schwarz	黒い kuroi
silbern	銀色（の） gin-iro (no)
weiß	白い shiroi

Kleidung: weitere Wörter

Anorak	アノラック anorakku
Anzug	背広 sebiro
Ärmel, kurze	半袖 han sode
Ärmel, lange	長袖 naga sode
Badeanzug	水着 mizugi
Badehose	水泳パンツ suiei pantsu
Bademantel	バスローブ basu rōbu
BH	ブラジャー burajā
Bikini	ビキニ bikini
Blazer	ブレザー burezā
Bluse	ブラウス burausu
Gürtel	ベルト beruto
Halstuch	スカーフ sukāfu
Handschuhe	手袋 tebukuro
Hemd	シャツ shatsu
Hose	ズボン zubon
Hut	帽子 bōshi
Jacke	上着 uwagi
Jeans	ジーンズ jīnzu
Kleid	ワンピース wan pīsu
Kostüm	スーツ sūtsu
Krawatte	ネクタイ nekutai
kurz	短い mijikai
lang	長い nagai
Leggins	レギンス reginsu
Mantel	コート kōto
Mütze	帽子 bōshi
Pullover	セーター sētā
Regenkleidung	雨具 amagu
Regenmantel	レインコート rein kōto
Reißverschluss	ジッパー jippā
Rock	スカート sukāto

Sakko	ブレザー	burezā
Schal	マフラー	mafurā
Schlafanzug	パジャマ	pajama
Shorts	半ズボン	han zubon
Slip	パンツ	pantsu
Socken	靴下	kutsushita
Sonnenhut	日よけ帽子	hiyoke bōshi
Strümpfe	靴下	kutsushita
Strumpfhose	パンティストッキング	panti sutokkingu
T-Shirt	Tシャツ	tī shatsu
Unterhemd	アンダーシャツ	andā shatsu
Unterwäsche	下着	shitagi
Weste	ベスト	besuto

Schuhgeschäft

info Die deutsche Schuhgröße 38 entspricht der japanischen Größe 23,5. Die 39 entspricht 24 bzw. 24.5. Schuhgröße 44 entspricht 27,5 bzw. 28.
Generell ist es schwierig, große Größen zu erhalten.

Ich möchte ein Paar … — … が買いたいのですが。 … ga kaitai no desu ga.

サイズはおいくつですか。 saizu wa o-ikutsu desu ka? — Welche Schuhgröße haben Sie?

Ich habe Schuhgröße … — … です。 … desu.

Der Absatz ist zu hoch / niedrig. — ヒールは高 / 低過ぎます。 hīru wa taka / hiku sugimasu.

Sie sind zu groß / klein.	ちょっと大き / 小さすぎます。 chotto ōki / chiisa sugimasu.
Sie drücken hier.	ここがきついです。 koko ga kitsui desu.
Bitte erneuern Sie die Absätze.	ヒール / かかとを交換してください。 hīru / kakato o kōkan shite kudasai.
Bitte erneuern Sie die Sohlen.	ハーフソールを交換してください。 hāfu sōru o kōkan shite kudasai.

Schuhgeschäft: weitere Wörter

Bergschuhe	登山靴 tozan gutsu
Einlegsohlen	インソール insōru
eng	きつい kitsui
Größe	サイズ saizu

Gummistiefel	雨靴 amagutsu
Halbschuhe	短靴 tangutsu
Ledersohle	革底 kawasoko
Pumps	パンプス panpusu
Sandalen	サンダル sandaru
Schnürsenkel	靴ひも kutsu himo
Schuhcreme	靴クリーム kutsu kurīmu
Schuhe	靴 kutsu
Schuhputzmittel	靴ケアー用品 kutsu keā yōhin
Stiefel	ブーツ būtsu
Turnschuhe	運動靴 undō gutsu
Wanderschuhe	トレッキングシューズ torekkingu shūzu

Uhren und Schmuck

Meine Uhr geht vor / nach.	時計が進んで / 遅れています。 tokei ga susunde / okurete imasu.
Ich brauche eine neue Batterie für die Uhr.	この時計に適した電池が要るのですが。 kono tokei ni teki shita denchi ga iru no desu ga.
Ich suche ein hübsches Andenken / Geschenk.	かわいいお土産 / プレゼントを探しています。 kawaii o-miyage / purezento o sagashite imasu.
ご予算はおいくらまでお考えですか。 go-yosan wa o-ikura made o-kangae desu ka?	Wie viel darf es denn kosten?
Woraus ist das?	これは何でできていますか。 kore wa nani de dekite imasu ka?

Uhren und Schmuck: weitere Wörter

Anhänger	ペンダント pendanto
Armband	ブレスレット buresuretto
Brosche	ブローチ burōchi
Diamant	ダイヤモンド daiyamondo
Gold	金 kin
Karat	カラット karatto
Kette	ネックレス nekkuresu
Ohrklippse	イヤリング iya ringu
Ohrringe	ピアス piasu
Perle	真珠 shinju
Perlenkette	真珠ネックレス shinju nekkuresu
Ring	指輪 yubiwa
Schmuck	アクセサリー akusesarī
Silber	銀 gin
Uhr	時計 tokei
Uhrarmband	腕時計のバンド udedokei no bando
vergoldet	金メッキ（の） kin mekki (no)
Wecker	目覚まし時計 mezamashi dokei

Körperpflege

Binden (*Damenbinden)*	整理用ナップキン seiri yō nappukin
Bürste	ブラシ burashi
Deo	デオドラント deodoranto
Duschgel	ボディーシャンプー bodī shanpū
feuchte Tücher	ウエットティッシュ uetto tisshyu
Haargel	ヘアジェル hea jeru

Haargummi	ヘアゴム	hea gomu
Haarklammern	ヘアピン	hea pin
Haarspange	ヘアクリップ	hea kurippu
Haarspray	ヘアスプレー	hea supurē
Handcreme	ハンドクリーム	hando kurīmu
Kajalstift	アイライナー	ai-rainā
Kamm	櫛	kushi
Körperlotion	ボディーローション	bodī rōshon
Kondome	コンドーム	kondōmu
Kosmetiktücher	ティッシュ	tisshyu
Lichtschutzfaktor	紫外線防護係数	shigaisen bōgo keisū
Lidschatten	アイシャドー	ai-shadō
Lippenpflegestift	リップクリーム	rippu kurīmu
Lippenstift	口紅	kuchibeni
Mückenschutz	虫除け	mushiyoke
Nachtcreme	ナイトクリーム	naito kurīmu
Nagelfeile	爪やすり	tsume yasuri
Nagellack	ナイルカラー	nairu karā
Nagellackentferner	ナイルカラーリムーバー	nairu karā rimūbā
Nagelschere	爪切りばさみ	tsumekiri basami
Papiertaschentücher	ティッシュ	tisshyu
Parfüm	香水	kōsui
parfümfrei	無香性	mukōsei
Pflaster	絆創膏	bansōkō
Pinzette	毛抜き	kenuki
Rasierklinge	かみそりの刃	kamisori no ha
Rasierschaum	シェービングフォーム	shēbingu fōmu
Reinigungsmilch	クレンジングミルク	kurenjingu miruku

Schaumfestiger	スタイリングフォーム sutairingu fōmu
Seife	石けん sekken
Shampoo	シャンプー shanpū
Sonnencreme	日焼け止めクリーム hiyake dome kurīmu
Sonnenmilch	日焼け止め乳液 hiyake dome nyūeki
Spiegel	鏡 kagami
Tagescreme	デイクリーム dei kurīmu
Tampons	タンポン tanpon
Toilettenpapier	トイレットペーパー toiretto pēpā
Waschmittel	洗剤 senzai
Watte	コットン kotton
Wattestäbchen	綿棒 menbō
Wimperntusche	マスカラ masukara
Zahnbürste	歯ブラシ haburashi
Zahnpasta	歯磨き hamigaki
Zahnseide	デンタルフロス dentaru furosu
Zahnstocher	爪楊枝 tsumayōji

Haushalt

Alufolie	アルミホイル arumi hoiru
Besen	箒 hōki
Dosenöffner	缶切り kankiri
Eimer	バケツ baketsu
Esstäbchen	（お）箸 (o-)hashi
Feuerzeug	ライター raitā
Flaschenöffner	栓抜き sennuki
Fleckentferner	染み抜き shiminuki
Frischhaltefolie	ラップ rappu

Gabel	フォーク	fōku
Glas	グラス	gurasu
Glühlampe	電球	denkyū
Grillkohle	炭	sumi
Insektenspray	虫除けスプレー	mushiyoke supurē
Kerzen	蝋燭	rōsoku
Korkenzieher	コルク栓抜き	koruku sennuki
Küchenrolle	キッチンペーパー	kitchin pēpā
Kühltasche	冷蔵バッグ	reizō baggu
Löffel (*chinesicher)*	さじ	saji
Löffel (*westlicher)*	スプーン	supūn
Messer	ナイフ	naifu
Moskitospirale	蚊取線香	katori senkō
Nähgarn	糸	ito
Nähnadel	針	hari
Pfanne	フライパン	furai pan
Reinigungsmittel	洗剤	senzai
Schere	はさみ	hasami
Servietten	ナプキン	napukin
Sicherheitsnadel	安全ピン	anzen pin
Spülmittel	洗剤	senzai
Streichhölzer	マッチ	matchi
Tasse (*allgemein)*	カップ	kappu
Teetasse	茶碗	chawan
Teller	（お）皿	(o-)sara
Thermosflasche	保温水筒	ho'on suitō
Topf	鍋	nabe
Wäscheklammern	洗濯ばさみ	sentaku basami
Wäscheleine	物干し	monohoshi
Waschpulver	洗剤	senzai
Wischlappen	布巾	fukin

Elektroartikel

info Für die japanischen Steckdosen benötigen Sie einen Adapter. Die Stromspannung beträgt 110 Volt, Sie sollten also nur Geräte mitnehmen, die auch für 110 Volt geeignet sind. In den meisten Hotels sind in den Zimmern Wasserkocher und Haartrockner vorhanden.

Elektroartikel: weitere Wörter

Adapter	アダプター adaputā
Batterie	電池 denchi
Föhn	ドライヤー doraiyā
Rasierapparat	かみそり kamisori
Reiskocher	炊飯器 suihanki
Taschenlampe	懐中電灯 kaichū dentō
Taschenrechner	電卓 dentaku
Verlängerungsschnur	延長コード enchō kōdo
Wasserkocher	電気ポット denki potto
Wecker	目覚まし時計 mezamashi dokei

Optiker

Meine Brille ist kaputt.	眼鏡が壊れてしまいました。 megane ga kowarete shimaimashita.
Können Sie das reparieren?	これを修理できますか。 kore o shūri dekimasu ka?
Ich hätte gerne Eintageslinsen.	一日使い捨てコンタクトレンズを買いたいのですが。 ichinichi tsukaisute kontakuto renzu o kaitai no desu ga.

Ich bin kurzsichtig / weitsichtig.

近視 / 遠視です。 kinshi / enshi desu.

視力はいくらですか。 shiryoku wa ikura desu ka?

Was für eine Sehstärke haben Sie?

Ich habe links … Dioptrien und rechts … Dioptrien.

左側は … ですが、右側は … です。 hidarigawa wa … desu ga, migigawa wa … desu.

Ich möchte eine Sonnenbrille.

サングラスを買いたいのですが。 san gurasu o kaitai no desu ga.

Ich habe eine Kontaktlinse verloren.

コンタクトレンズをなくしてしまいました。 kontakuto renzu o nakushite shimaimashita.

Ich brauche Aufbewahrungslösung für harte / weiche Kontaktlinsen.

ハード / ソフトコンタクトレンズ用の保存剤が要るのですが。 hādo / sofuto kontakuto renzu yō no hozonzai ga iru no desu ga.

Ich brauche Reinigungslösung für harte / weiche Kontaktlinsen.

ハード / ソフトコンタクトレンズ用の洗剤が要るのですが。 hādo / sofuto kontakuto renzu yō no senzai ga iru no desu ga.

Fotoartikel

Ich hätte gerne eine Speicherkarte für diesen Apparat.

このカメラに使えるメモリーカードを探していますが。 kono kamera ni tsukaeru memorī kādo o sagashite imasu ga.

Ich hätte gerne Batterien für diesen Apparat.

このカメラに使える電池を探していますが。 kono kamera ni tsukaeru denchi o sagashite imasu ga.

Ich brauche ein Ladegerät.	充電器が要るのですが。 jūdenki ga iru no desu ga.

► Info zur Stromspannung, Seite 133

Ich hätte gern …	… をください。 … o kudasai.
– einen Film für diesen Apparat.	– このカメラに適したフィルム kono kamera ni tekishita firumu
– einen Schwarz-Weiß-Negativfilm.	– 黒白ネガフィルム kuroshiro nega firumu
– einen Farb-Negativfilm.	– カラーネガフィルム karā nega firumu
– einen Diafilm.	– スライド フィルム suraido firumu
– einen Film mit 36 Aufnahmen.	– 36枚撮りのフィルム sanjūroku mai tori no firumu
– einen Film mit 24 Aufnahmen.	– 24枚撮りのフィルム nijūyon mai tori no firumu
– einen Film mit … ASA.	– イン感度 … のフィルム in kando … no firumu
Können Sie mir bitte den Film einlegen?	フィルムを入れていただけませんか。 firumu o irete itadakemasen ka?
Ich möchte diesen Film entwickeln lassen.	このフィルムの現像をお願いします。 kono firumu no genzō o o-negai shimasu.
Die Abzüge bitte glänzend / matt, im Format … mal …	焼き増しは光沢 / 絹目で … サイズで … 枚お願いします。 yakimashi wa kōtaku / kinume de … saizu de … mai o-negai shimasu.
Wann sind die Bilder fertig?	写真はいつできあがりますか。 shashin wa itsu dekiagarimasu ka?

Können Sie meinen Fotoapparat reparieren?	このカメラを修理できますか。 kono kamera o shūri dekimasu ka?
Er transportiert nicht.	フィルムは送られていません。 firumu wa okurarete imasen.
Der Auslöser funktioniert nicht.	シャッターボッタンが故障しています。 shattā bottan ga koshō shite imasu.
Das Blitzlicht funktioniert nicht.	フラッシュが故障しています。 furasshu ga koshō shite imasu.
Ich möchte gerne Passbilder machen lassen.	証明写真を撮ってもらいたいのですが。 shōmei shashin o totte moraitai no desu ga.

Fotoartikel: weitere Wörter

Belichtungsmesser	露出計 roshutsukei
Bild	写真 shashin
Blitz	フラッシュ furasshu
Camcorder	カムコーダー kamukōdā
Digitalkamera	デジタルカメラ、デジカメ dejitaru kamera, dejikame
DVD	DVD, ディーブイディー dī bui dī
Empfindlichkeit	感度 kando
filmen	撮影する satsuei suru
Filter	フィルター firutā
Fotoapparat	カメラ kamera
Ladegerät	充電器 jūdenki
Objektiv	レンズ renzu
Selbstauslöser	セルフタイマー serufu taimā
Spiegelreflexkamera	一眼レフカメラ ichigen refu kamera

Teleobjektiv	望遠レンズ	bōen renzu
UV-Filter	紫外線吸収用フィルター	shigaisen kyūshū yō firutā
Videokamera	ビデオカメラ	bideo kamera
Videokassette	ビデオテープ	bideo tēpu
Weitwinkelobjektiv	広角レンズ	kōkaku renzu
Zoomobjektiv	ズームレンズ	zūmu renzu

Musik

Haben Sie CDs / Kassetten von …?
… のCD / テープがありますか。
… no shī dī / tēpu ga arimasu ka?

Ich hätte gerne eine CD mit traditioneller japanischer Musik.
伝統的な日本音楽のCDを探していますが。 dentōteki na nihon ongaku no shī dī o sagashite imasu ga.

Musik: weitere Wörter

CD	CD shī dī
CD-Spieler, tragbarer	ポータブル CDプレイヤー pōtaburu shī dī pureiyā
iPod	IPod aipoddo
Kassette	テープ tēpu
Kopfhörer	イヤホーン iyahōn
MP3-Spieler	MP3プレイヤー emu pī surī pureiya
Musik	音楽 ongaku
Radio	ラジオ rajio
Walkman (*Wz*)	ウォークマン uōkuman

Bücher und Schreibwaren

Ich hätte gerne …	… を探していますが。 … o sagashite imasu ga.
– eine (deutsche) Zeitung.	– (ドイツの) 新聞 (doitsu no) shinbun
– eine (deutsche) Zeitschrift.	– (ドイツ語の) 雑誌 (doitsu-go no) zasshi
– eine Karte der Umgebung.	– 近郊の地図 kinkō no chizu
– einen Stadtplan.	– 町の地図 machi no chizu
Haben Sie auch eine neuere Zeitung?	より新しい新聞もありますか。 yori atarashii shinbun mo arimasu ka?
Haben Sie deutsche Bücher?	ドイツ語の本がありますか。 doitsu-go no hon ga arimasu ka?

Bücher und Zeitschriften

Illustrierte	雑誌 zasshi
Kochbuch	料理の本 ryōri no hon
Krimi	推理小説 suiri shōsetsu
Reiseführer	ガイドブック gaido bukku
Roman	小説 shōsetsu
Straßenkarte	道路地図 dōro chizu
Wanderkarte	登山図 tozanzu
Wörterbuch	辞書 jisho

Schreibwaren

Ansichtskarte	絵葉書 ehagaki
Bleistift	鉛筆 enpitsu
Briefpapier	便箋 binsen
Briefumschlag	封筒 fūtō
Diskette	フロッピーディスク furoppī disuku
Druckerpatrone	トナーカートリッジ tonā kātorijji
Klebstoff	糊 nori
Klebeband	セロテープ sero tēpu
Kugelschreiber	ボールペン bōru pen
Papier	紙 kami
Radiergummi	消しゴム keshi gomu
Schreibblock	メモ帳 memo chō
Spielkarten	トランプ toranpu
Spitzer	鉛筆削り enpitsu kezuri

Tabakwaren

Eine Schachtel Zigaretten, bitte.	タバコを一箱ください。 tabako o hitohako kudasai.
Sind diese Zigaretten stark / leicht?	このタバコは強い / 軽いですか。 kono tabako wa tsuyoi / karui desu ka?
Ein Päckchen Pfeifentabak / Zigarettentabak, bitte.	パイプ用タバコ / 手巻きタバコを一個ください。 paipu yō tabako / temaki tabako o ikkō kudasai.
Ein Feuerzeug, bitte.	ライターを一個ください。 raitā o ikko kudasai.
Einmal Streichhölzer, bitte.	マッチを一箱ください。 macchi o hitohako kudasai.

Tabakwaren: weitere Wörter

Pfeife	パイプ paipu
Pfeifenreiniger	クリーナー kurīnā
Pfeifentabak	パイプ用タバコ paipu yō tabako
Zigaretten	タバコ tabako
Zigarren	葉巻 hamaki

Sport und Entspannung

Ich möchte ein Handtuch ausleihen.
タオルを借りたいのですが。

Darf man hier baden?
ここで水泳してもいいですか。

Erholungsurlaub

Strand und Schwimmbad

Wo geht es zum Strand?	浜はどこですか。 hama wa doko desu ka?
Darf man hier baden?	ここで水泳してもいいですか。 koko de suiei shite mo ii desu ka?
Gibt es hier Strömungen?	ここは潮の流れがありますか。 koko wa shio no nagare ga arimasu ka?
Wann ist Ebbe / Flut?	干潮 / 満潮はいつですか。 kanchō / manchō wa itsu desu ka?
Gibt es hier Quallen?	ここにはくらげがいますか。 koko ni wa kurage ga imasu ka?
Ich möchte … ausleihen.	… を借りたいのですが。 … o karitai no desu ga.
– einen Liegestuhl	– デッキチェア dekki chea
– einen Sonnenschirm	– パラソル parasoru
– ein Boot	– 船 fune
Wie viel kostet es pro Stunde / Tag?	一時間 / 一日はいくらですか。 ichijikan / ichinichi wa ikura desu ka?
Würden Sie bitte kurz auf meine Sachen aufpassen?	私の物をちょっとの間見ていただけませんか。 watashi no mono o chotto no aida mite itadakemasen ka?
Gibt es hier ein Freibad?	屋外プールがありますか。 okugai pūru ga arimasu ka?
Gibt es hier ein Hallenbad?	屋内プールがありますか。 okunai pūru ga arimasu ka?

Welche Münzen brauche ich für das Schließfach?	コインロッカーにはお金がいくら要りますか。 koin rokkā ni wa o-kane ga ikura irimasu ka?
Welche Münzen brauche ich für den Haartrockner?	ヘアドライヤーにはお金がいくら要りますか。 hea doraiyā ni wa o-kane ga ikura irimasu ka?
Ich möchte … ausleihen / kaufen.	… を借りたい / 買いたいのですが。 … o karitai / kaitai no desu ga.
– eine Badekappe	– 水泳帽子 suiei bōshi
– eine Schwimmbrille	– ゴーグル gōguru
– ein Handtuch	– タオル taoru
Wo ist der Bademeister?	プール監視員はどこにいますか。 pūru kanshiin wa doko ni imasu ka?
Wo ist die Erste-Hilfe-Station?	救護室はどこですか。 kyūgoshitsu wa doko desu ka?

Strand und Schwimmbad: weitere Wörter

baden	泳ぐ oyogu
Bootsverleih	レンタルボート rentaru bōto
Dusche	シャワー shawā
fischen	釣る tsuru
Meer	海 umi
Motorboot	モーターボート mōtā bōto
Muscheln	貝 kai
Nichtschwimmer	泳げない人 oyogenai hito
Rettungsring	浮輪 ukiwa
Ruderboot	手こぎボート tegoki bōto
Sand	砂 suna
Sandstrand	砂浜 sunahama
Schatten	影 kage

Schlauchboot	ゴムボート gomu bōto
Schnorchel	スノーケル sunōkeru
Schwimmbad	プール pūru
schwimmen	泳ぐ oyogu
Schwimmflossen	フィン fuin
Schwimmflügel	アームフロート āmu furōto
See	湖 mizūmi
Seeigel	うに uni
Sonne	太陽 taiyō
Sonnenbrille	サングラス san gurasu
Sonnencreme	日焼け止めクリーム hiyake dome kurīmu
Sprungbrett	飛び込み台 tobikomidai
Strandbad	海水浴場 kaisui yokujō
Sturmwarnung	強風注意報 kyōfū chūihō
Surfbrett	サーフボード sāfu bōdo
tauchen	ダイビングする daibingu suru
Taucheranzug	ドライスーツ dorai sūtsu
Taucherausrüstung	スキューバ装備 sukyūba sōbi
Taucherbrille	マスク masuku
Tretboot	ペダルボート pedaru bōto
Umkleidekabine	更衣室 kōishitsu
Wasser	水 mizu
Wasserski	水上スキー suijō sukī
Welle	波 nami

Ballspiele und weitere Spiele

Darf ich mitspielen?	仲間に入ってもいいですか。 nakama ni haitte mo ii desu ka?
Wir hätten gern einen Tennisplatz für eine Stunde.	テニスコートを３０分ぐらい借りたいのですが。 tenisu kōto o sanjuppun gurai karitai no desu ga.

Wir hätten gern einen Badmintonplatz für eine Stunde.	バドミントンコートを３０分ぐらい借りたいのですが。 badominton kōto o sanjuppun gurai karitai no desu ga.
Wo kann man hier Bowling / Billard spielen?	どこでボーリング / ビリヤードができますか。 doko de bōringu / biriyādo ga dekimasu ka?
Ich möchte … ausleihen.	… が借りたいのですが。 … ga karitai no desu ga.

Spiele: weitere Wörter

Badminton	バドミントン badominton
Ball	ボール bōru
Baseball	野球 yakyū
Basketball	バスケットボール basuketto bōru
Fußball *(Ball)*	サッカーボール sakkā bōru
Fußballspiel	サッカー sakkā
gewinnen	勝つ katsu
Golf	ゴルフ gorufu
Golfplatz	ゴルフ場 gorufu-jō
Golfschläger	ゴルフクラブ gorufu kurabu
Handball	ハンドボール hando bōru
kegeln	ボウリングする bouringu suru
Mannschaft	チーム chīmu
Schiedsrichter	審判、レフェリー shinban, referī
Sieg	勝ち kachi
Spiel	試合 shiai
spielen *(Ballsport)*	する suru
Squash	スカッシュ sukasshu
Tennis	テニス tenisu

Tennisball	テニスボール tenisu bōru
Tennisschläger	テニスラケット tenisu raketto
Tischtennis	卓球 takkyū
Tor	サッカーゴール sakkā gōru
Tor (*Treffer*)	ゴール gōru
Torwart	ゴールキーパー gōru kīpā
unentschieden	引き分け hikiwake
verlieren	負ける makeru
Volleyball	バレーボール barē bōru

Schlechtwetteraktivitäten

Haben Sie Spielkarten?	トランプがありますか。 toranpu ga arimasu ka?
Spielen Sie Schach?	チェスをしますか。 chesu o shimasu ka?
Können wir ein Schachspiel ausleihen?	チェスセットが借りられますか。 chesu setto ga kariraremasu ka?
Gibt es hier ein Fitnessstudio?	フィットネスクラブがありますか。 fittonesu kurabu ga arimasu ka?
Bieten Sie auch Aerobicstunden an?	エアロビクスのコースも提供していますか。 earobikusu no kōsu mo teikyō shite imasu ka?
Bieten Sie auch Gymnastikstunden an?	体操のコースも提供していますか。 taisō no kōsu mo teikyō shite imasu ka?

► für Hallenbad: *Strand und Schwimmbad,* Seite 142
► für Museen: *Besichtigungen,* Seite 160
► für Kino: *Kulturveranstaltungen,* Seite 164
► *Internet-Café,* Seite 85

Aktivurlaub

Wandern und Trekking

Ich möchte wandern nach ….

… へハイキングをしたいのですが。 … he haikingu o shitai no desu ga.

Ich möchte auf den … steigen.

… に登りたいのですが。 … ni noboritai no desu ga.

Können Sie mir eine leichte / mittelschwere Tour empfehlen?

簡単な / 中級者向けハイキングコースを紹介していただけませんか。 kantan na / chūkyūsha muke haikingu kōsu o shōkai shite itadakemasen ka?

Wie lange dauert sie ungefähr?	時間はどのくらいかかりますか。 jikan wa dono kurai kakarimasu ka?
Ist der Weg gut markiert und gesichert?	道はよく整備されていますか。 michi wa yoku seibi sarete imasu ka?
Ich bin nicht schwindelfrei.	私は高所恐怖症です。 watashi wa kōsho kyōfushō desu.
Kann man unterwegs einkehren?	途中で飲食できるところがありますか。 tochū de inshoku dekiru tokoro ga arimasu ka?
Kann ich in diesen Schuhen gehen?	この靴で大丈夫ですか。 kono kutsu de daijōbu desu ka?
Um wie viel Uhr fährt die letzte Bahn hinunter?	下り最終は何時ですか。 ori saishū wa nanji desu ka?
Sind wir hier auf dem richtigen Weg nach …?	これは … への道ですか。 kore wa … e no michi desu ka?
Wie weit ist es noch bis …?	… までは何キロくらいですか。 … made nankiro kurai desu ka?

Wandern und Trekking: weitere Wörter

Berg	山 yama
Bergführer	リーダー rīdā
Bergschuhe	登山靴 tozan gutsu
Bergsteigen	登山 tozan
Gipfel	山頂 sanchō
Hütte	小屋 koya
joggen	ジョギングする jogingu suru
Jogging	ジョギング jogingu
klettern	よじ登る yojinoboru
Proviant	お弁当 o-bentō
Schlucht	峡谷 kyōkoku
Schutzhütte	避難小屋 hinan koya
Seil	ロープ rōpu
Seilbahn	ロープウエー rōpu uē
Sessellift	チェアリフト chea rifuto
Wanderkarte	地図 chizu
wandern	ハイキングする haikingu suru
Wanderschuhe	トレッキング靴 torekkingu gutsu
Wanderweg	登山道 tozan michi

Rad fahren

Ich möchte ein Fahrrad mieten.	自転車が借りたいのですが。 jitensha ga karitai no desu ga.
Ich möchte ein Mountainbike mieten.	マウンテンバイクが借りたいのですが。 maunten baiku ga karitai no desu ga.
Ich hätte gern ein Fahrrad mit … Gängen.	… 段変速付きの自転車がいいのですが。 … dan hensoku tsuki no jitensha ga ii no desu ga.

Haben Sie auch ein Fahrrad mit Rücktritt?	ペダルブレーキの自転車もありますか。 pedaru burēki no jitensha mo arimasu ka?
Können Sie mir die Sattelhöhe einstellen?	サドルの高さを合わせていただけませんか。 sadoru no takasa o awasete itadakemasen ka?
Ich möchte es für … mieten.	… 借りたいのですが。 … karitai no desu ga.
– einen Tag	– 一日 ichinichi
– zwei Tage	– 二日間 futsukakan
– eine Woche	– 一週間 ishūkan
Bitte geben Sie mir auch einen Fahrradhelm.	自転車用ヘルメットもお願いします。 jitensha yō herumetto mo o-negai shimasu.

Rad fahren: weitere Wörter

Fahrradflickzeug	パンク修理キット panku shūri kitto
Fahrradkorb	かご kago
Handbremse	ハンドブレーキ hando burēki
Kinderfahrrad	子供用自転車 kodomo yō jitensha
Kindersitz	子供イス kodomo isu
Lampe	ランプ ranpu
Licht	ライト raito
Luftpumpe	エアポンプ ea ponpu
Radweg	サイクリングコース saikuringu kōsu
Reifen	タイヤ taiya
Reifenpanne	パンク panku
Reifendruck	タイヤの空気圧 taiya no kūkiatsu

Sattel	サドル sadoru
Satteltaschen	リアサイドバッグ ria saido baggu
Schlauch	チューブ chyūbu
Ventil	バルブ barubu
Vorderlicht	前ライト mae raito

Japanische Kampfsportarten

Aikido	合気道 aikidō
Bogenschießen	弓道 kyūdō
Judo	柔道 judō
Kampfsportarten	武道 budō
Karate	空手 karate
Kendo	剣道 kendō
Sumo	相撲 sumō

Beauty und Wellness

Beim Friseur

Ich hätte gerne einen Termin für …	…に予約をしたいのですが。 … ni yoyaku o shitai no desu ga.
どのようにしますか。 dono yō ni shimasu ka?	Was wird bei Ihnen gemacht?
Ich möchte …	… 欲しいのですが。 … hoshī no desu ga.
– mir die Haare schneiden lassen.	–髪を切って kami o kitte
– eine Dauerwelle.	–パーマをかけて pāma o kakete
– Strähnchen.	–メッシュを入れて messhu o irete
Schneiden, waschen und föhnen, bitte.	カットとシャンプーとセットをお願いします。 katto to shanpū to setto o o-negai shimasu.
Bitte nur schneiden.	カットだけお願いします。 katto dake o-negai shimasu.
どのようにしますか. dono yō ni shimasu ka?	Wie hätten Sie's denn gern?
Nicht zu kurz, bitte.	あまり短くしないで下さい。 amari mijikaku shinaide kudasai.
Etwas kürzer, bitte.	もう少し切って下さい。 mō sukoshi kitte kudasai.
Ganz kurz, bitte.	短く切って下さい。 mijikaku kitte kudasai.
Bitte nehmen Sie … etwas weg.	… をもう少し切って下さい。 … o mō sukoshi kitte kudasai.

Den Scheitel bitte links / rechts.	左分け / 右わけにしてください。 hidariwake / migiwake ni shite kudasai.
Vielen Dank, so ist es gut.	はい、これでいいです。 hai, kore de ii desu.

Beim Friseur: weitere Wörter

Bart	髭 hige
färben	染める someru
föhnen	ブローする burō suru
Frisur	ヘアスタイル hea sutairu
Gel	ジェル jeru
Haarspray	ヘアスプレー hea supurē
Haarspülung	リンス rinsu
Locken	カール kāru
Pony	前髪 maegami
rasieren	剃る soru
Schaumfestiger	フォーム fōmu
Schnurrbart	口髭 kuchihige
Schuppen	ふけ fuke
Shampoo	シャンプー shanpū
Spülung	リンス rinsu
Stufenschnitt	スライドカット suraido katto
waschen	洗う arau

Bei der Kosmetikerin

Könnten Sie mir die Augenbrauen zupfen?	眉毛を抜いてください。 mayuge o nuite kudasai.
Ich möchte mir die Wimpern / Augenbrauen färben lassen.	睫毛 / 眉毛を染めてほしいのですが。 matsuge / mayuge o somete hoshī no desu ga.

Ich hätte gerne eine Gesichtsbehandlung.	フェイシャルトリートメントをお願いします。 feisharu torī tomento o o-negai shimasu.
Ich habe …	私は … なのですが。 watashi wa … na no desu ga.
– normale Haut.	– 普通肌 futsū hada
– fettige Haut.	– 脂性肌 shisei hada
– trockene Haut.	– 乾燥肌 kansō hada
– Mischhaut.	– 混合肌 kongō hada
– empfindliche Haut.	– センシティブ肌 senshitibu hada
Bitte verwenden Sie nur parfümfreie / allergiegetestete Produkte.	無添加 / アレルギー対応商品だけを使ってください。 mutenka / arerugī taiō shōhin dake o tsukatte kudasai.
Machen Sie auch Gesichtsmassagen?	顔マッサージもやっていますか。 kao massāji mo yatte imasu ka?
Bitte eine Maniküre / Pediküre.	マニキュア / ペディキュアコースをお願いします。 manikyua / pedikyua kōsu o o-negai shimasu.

Bei der Kosmetikerin: weitere Wörter

Dekolleté	デコルテ dekorute
Feuchtigkeitsmaske	モイスチャーマスク moisuchā masuku
Gesicht	顔 kao
Hals	首 kubi
Maske	フェイシャルマスク feisharu masuku
Packung	パック pakku
Peeling	ピーリング pīringu
Reinigung	クレンジング kurenjingu

Wohlfühlprogramm

Akupunktur	鍼 hari
Dampfbad	スティームバス sutīmu basu
Fango	泥パック doro pakku
Massage	マッサージ massāji
Sauna	サウナ sauna
Thermalbad	温泉 onsen
Yoga	ヨガ yoga
Whirlpool	ワールプール wāru pūru
heiße Quelle	温泉 onsen
Freiluftbecken *(heiße Quelle)*	露天風呂 rotenburo

info Ein ganz besonderes Wellness-Erlebnis ist das Baden in heißen Quellen 温泉 onsen . Es wird nur noch übertroffen von 露天風呂 rotenburo , bei dem die Wasserbecken im Freien sind.

Hier einige Hinweise zum Verhalten im Onsen: Es gibt jeweils eine Abteilung für Damen und für Herren, und man trägt keinen Badeanzug. Nach dem Ausziehen begibt man sich zu den Waschplätzen und reinigt sich gründlich. Die Waschplätze haben meist eine Duscharmatur, die recht niedrig angebracht ist, denn man wäscht sich im Sitzen. Hierfür sind Plastikhöckerchen vorhanden, und außerdem gibt es Plastikschüsseln, um sich nach dem Waschen mit Wasser zu übergießen. Dann erst steigt man in das Becken und entspannt im heißen Wasser. Doch Vorsicht: langsam hineinsteigen! Denn das Wasser ist wirklich heiß, meist über 40 Grad.

In einigen Kurorten in Südjapan gibt es die Variante des Sand-Onsen, bei dem man für ca. 10 Minuten in durch vulkanische Erdwärme aufgeheizten Sand eingegraben wird.

Kultur und Nachtleben

Wann beginnt die Führung?
ガイドは何時に始まりますか。

Darf man fotografieren?
写真を撮ってもいいですか。

Sehenswertes

info Reiseinformationen zu Japan finden Sie auf der Homepage der Japanischen Fremdenverkehrszentrale: http://www.jnto.go.jp.

Touristeninformation

Wo ist die Touristeninformation?	観光案内所はどこですか。 kankō annaisho wa doko desu ka?
Ich möchte …	… がいただきたいのですが。 … ga itadakitai no desu ga.
– einen Plan von der Umgebung.	– 近郊の地図 kinkō no chizu
– einen Stadtplan.	– 町の地図 machi no chizu
– einen U-Bahn-Plan.	– 地下鉄の路線図 chikatetsu no rosenzu
– einen Veranstaltungskalender.	– イベント情報パンフレット ibento jōhō panfuretto
Gibt es Stadtrundfahrten?	市内観光バスがありますか。 shinai kankō basu ga arimasu ka?
Gibt es Stadtführungen?	市内観光コースがありますか。 shinai kankō kōsu ga arimasu ka?
Haben Sie auch Prospekte auf Deutsch?	ドイツ語でのパンフレットがありますか。 doitsu-go de no panfuretto ga arimasu ka?
Was kostet die Rundfahrt?	料金はいくらですか。 ryōkin wa ikura desu ka?
Wie lange dauert die Rundfahrt?	時間はどれくらいかかりますか。 jikan wa dore kurai kakarimasu ka?

Bitte eine Karte / zwei Karten für die Stadtrundfahrt.	市内観光コースの切符を一枚 / 二枚ください。 shinai kankō kōsu no kippu o ichimai / nimai kudasai.
Welche Sehenswürdigkeiten gibt es hier?	観光名所は何がありますか。 kankō meisho wa nani ga arimasu ka?
Wann ist … geöffnet?	… は何時から何時まで開いていますか。 … wa nanji kara nanji made aite imasu ka?
Bitte für den Ausflug morgen nach … einen Platz / zwei Plätze.	明日… へのバス旅行を予約したいのです。一人 / 二人です。 ashita … e no basu ryokō o yoyaku shitai no desu. hitori / futari desu.
Wann / Wo treffen wir uns?	いつ / どこに集合しますか。 itsu / doko ni shūgō shimasu ka?
Besichtigen wir auch …?	… の見学も入っていますか。 … no kengaku mo haitte imasu ka?

► *Zimmersuche*, Seite 26
► *Öffentlicher Nahverkehr*, Seite 62
► *Fragen nach dem Weg*, Seite 40

Besichtigungen, Ausflüge

Wann ist … geöffnet?	… は何時から何時まで開いていますか。 … wa nanji kara nanji made aite imasu ka?
Wie viel kostet der Eintritt / die Führung?	入場金 / ガイドはいくらですか。 nyūjōkin / gaido wa ikura desu ka?
Gibt es auch Führungen auf Deutsch?	ドイツ語のガイドもありますか。 doitsu-go no gaido mo arimasu ka?
Gibt es eine Ermäßigung für Kinder / Studenten?	子供 / 学生割引がありますか。 kodomo / gakusei waribiki ga arimasu ka?
Wann beginnt die Führung?	ガイドは何時に始まりますか。 gaido wa nanji ni hajimarimasu ka?
Eine Karte / Zwei Karten bitte.	入場券を一枚 / 二枚ください。 nyūjōken o ichimai / nimai kudasai.
Zwei Erwachsene, zwei Kinder, bitte.	大人２枚と子供２枚をください。 otona nimai to kodomo nimai o kudasai.
Darf man fotografieren?	写真を撮ってもいいですか。 shashin o totte mo ii desu ka?
Haben Sie einen Katalog / Führer?	カタログ / 解説パンフレットがありますか。 katarogu / kaisetsu panfuretto ga arimasu ka?
Was für ein Gebäude / Denkmal ist das?	あれは何の建物 / 記念碑ですか。 are wa nan no tatemono / kinenhi desu ka?

Besichtigungen, Ausflüge: weitere Wörter

Aquarium	水族館 suizokukan
Ausgrabungen	発掘 hakkutsu
Aussicht	景色 keshiki
Ausstellung	展覧会 tenrankai
Berg	山 yama
Bibliothek	図書館 toshokan
Bild	絵 e
Bildhauer	彫刻家 chōkokuka
Blumensteckkunst	生け花 ikebana
Botanischer Garten	植物園 shokubutsu-en
Brücke	橋 hashi
Brunnen	噴水 funsui
Buddhastatue	仏像 butsuzō
Buddhismus	仏教 bukkyō
Burg	お城 o-shiro
Chrysanteme	菊 kiku
Decke	天井 tenjō
Denkmal (*Stein*)	記念碑 kinenhi
Denkmal (*Statue*)	記念像 kinenzō
Epoche	時代 jidai
Fest	(お)祭り (o-)matsuri
Feuerwerk	花火 hanabi
filmen	撮影する satsuei suru
Flohmarkt	蚤の市 nomi no ichi
Fluss	川 kawa
Freilichtmuseum	野外博物館 yagai hakubutsukan
Fremdenführer	ガイド gaido
Friedhof	墓地 bochi
Fußgängerzone	歩行者天国 hokōsha tengoku
Galerie	画廊 garō
Garten	庭園 teien

Gebäude	建物 tatemono
Gebirge	山 yama
Gegend	地方 chihō
Gemälde	絵画 kaiga
Gemäldesammlung	絵画コレクション kaiga korekushon
geöffnet	開いている aite iru
geschlossen	閉まっている shimatte iru
Glocke	鐘 kane
Grab	お墓 o-haka
Hafen	港 minato
Halbinsel	半島 hantō
Hängebild	掛け物 kakemono
Hauptstadt	首都 shuto
Haus	家 ie
Heimatmuseum	郷土博物館 kyōdo hakubutsukan
heiße Quelle	温泉 onsen
Höhle	洞くつ dōkutsu
Hotelverzeichnis	宿泊リスト shukuhaku risuto
Hügel	丘 oka
Hügelgrab	古墳 kofun
Insel	島 shima
Jahrhundert	世紀 seiki
Kaiser	天皇 tennō
Kaiserpalast (*in Tokyo*)	皇居 kōkyo
Kaiserpalast (*in Kyoto*)	御所 gosho
Kalligrafie	書道 shodō
Karpfen	鯉 koi
Kiefer	松 matsu
Kirche	教会 kyōkai
Kirschblüte	桜 sakura
Kirschblütenschau	花見 hanami
Kunst	芸術 geijutsu
Künstler(in)	芸実家 geijutsu-ka

Kunstmuseum	美術館 bijutsukan
Landschaft	風景 fūkei
Laubfärbung	紅葉 kōyō
Maler	画家 gaka
Malerei	絵画 kaiga
Markt	市 ichi
Mittelalter	中世 chūsei
Museum (*keine Kunst*)	博物館 hakubutsukan
Museum (*Kunst-museum*)	美術館 bijutsukan
Nationalpark	国立公園 kokuritsu kōen
Naturschutzgebiet	自然保護区 shizen hogoku
Park	公園 kōen
Plakat	ポスター posutā
Platz	広場 hiroba
Poster	ポスター posutā
Prospekt	パンフレット panfuretto
Quelle, heiße	温泉 onsen
Rathaus	市役所 shiyakusho
Saal	ホール hōru
Sammlung	コレクション korekushon
Samurai	武士 bushi
Samurai-Haus	武家屋敷 buke yashiki
Säule	柱 hashira
Schiebetür	障子 shōji
Schatzkammer	宝物殿 hōmotsuden
Schloss	お城 o-shiro
Schlucht	峡谷 kyōkoku
Schnitzerei	彫刻 chōkoku
Schrein	神社 jinja
See	湖 mizūmi
Sehenswürdigkeiten	見所 midokoro
Seilbahn	ロープウエー rōpu uē
Shintoismus	神道 shintō
Skulptur	像 zō

Stadion	競技場 kyōgijō
Stadt	町 machi
Stadtteil	区 ku
Stadttor	市門 shimon
Tagesausflug	日帰り higaeri
Tal	谷 tani
Teezeremonie	茶の湯 cha no yu
Teich	池 ike
Tempel	(お)寺 (o-)tera
Töpferei	陶芸 tōgei
Tor	門 mon
Tropfsteinhöhle	鍾乳洞 shōnyūdō
Turm	塔 tō
Umgebung	近郊 kinkō
Universität	大学 daigaku
Vulkan	火山 kazan
Wald	森 mori
Wandmalerei	壁画 hekiga
Wandschirm	屏風 byōbu
Wappen	紋 mon
Wasserfall	滝 taki
Werk	作品 sakuhin
Zeichnung	スケッチ suketchi
Zoo	動物園 dōbutsu-en

Kulturveranstaltungen

Welche Veranstaltungen finden diese / nächste Woche statt?	今週 / 来週はどんな催しものがありますか。 konshū / raishū wa donna moyōshimono ga arimasu ka?
Haben Sie einen Veranstaltungskalender?	イベント情報パンフレットがありますか。 ibento jōhō panfuretto ga arimasu ka?

Was wird heute gespielt?	今日は何が上演されるのですか。 kyō wa nani ga jōen sareru no desu ka?
Wo bekommt man Karten?	切符はどこで買えますか。 kippu wa doko de kaemasu ka?
Wann beginnt …	… は何時に始まりますか。 … wa nanji ni hajimarimasu ka?
– die Vorstellung?	– 上演 jōen
– das Konzert?	– コンサート konsāto
– der Film?	– 映画 eiga

Ab wann ist Einlass?	入場は何時からですか。 nyūjō wa nanji kara desu ka?
Sind die Plätze nummeriert?	座席には番号が付いていますか。 zaseki ni wa bangō ga tsuite imasu ka?
Kann man Karten reservieren lassen?	切符を予約できますか。 kippu o yoyaku dekimasu ka?
Ich hatte Karten vorbestellt auf den Namen …	… と申しますが、切符を予約しました … to mōshimasu ga, kippu o yoyaku shimashita.
Haben Sie noch Karten für heute / morgen?	今日 / あしたの切符がまだありますか。 kyō / ashita no kippu ga mada arimasu ka?
Bitte eine Karte / zwei Karten für …	… の切符を一枚 / 二枚ください。 … no kippu o ichimai / nimai kudasai.
– heute.	– 今日 kyō
– heute Abend.	– 今夜 konya
– morgen.	– あした ashita
– die Vorstellung um … Uhr.	– … 時の上演 … ji no jōen
– den Film um … Uhr.	– … 時の上映 … ji no jōei

info In Japan werden im Kino ausländische Filme nur in der Originalfassung mit japanischen Untertiteln gezeigt; es gibt keine Synchronisierungen.

Wie viel kostet eine Karte?	切符は一枚いくらですか。 kippu wa ichimai ikura desu ka?
Gibt es eine Ermäßigung für Kinder / Studenten?	子供 / 学生割引がありますか。 kodomo / gakusei waribiki ga arimasu ka?

Wann ist die Vorstellung zu Ende?	上映 / 映画は何時に終わりますか。 jōei / eiga wa nanji ni owarimasu ka?
Ich möchte ein Opernglas ausleihen.	オペラグラスが借りたいのですが。 opera gurasu ga karitai no desu ga.

An der Kasse

zweiter Rang	三階、3階 sangai
Vorverkauf	前売り maeuri
erster Rang	二階、2階 nikai
rechts	右側（の） migigawa (no)
Abendkasse	当日券売場 tōjitsuken uriba
Mitte	真ん中（の） mannaka (no)
Parkett	一階、1階 ikkai
Platz	座席 zaseki
Reihe	列 retsu
Stehplatz	立見席 tachimiseki
ausverkauft	売り切れ urikire
links	左側（の） hidarigawa (no)

Kulturveranstaltungen: weitere Wörter

Akt	幕 maku
Ballett	バレエ barē
Chor	合唱団 gasshōdan
Dirigent	指揮者 shikisha
Garderobe	クローク kurōku
Hauptrolle	主役 shuyaku
Inszenierung	演出 enshutsu
Kabarett	寄席 yose
Kasse	チケット売場 chiketto uriba

Kabuki-Theater (*Gebäude*)	歌舞伎座 kabuki-za
Kabuki-Vorstellung	歌舞伎 kabuki
Kino	映画館 eigakan
Komponist(in)	作曲者 sakkyokusha
Musik	音楽 ongaku
No-Vorstellung	能 nō
Oper	オペラ opera
Orchester	オーケストラ ōkesutora
Pause	休憩 kyūkei
Platz	座席 zaseki
Popkonzert	ポップコンサート poppu konsāto
Premiere	初演 shoen
Programmheft	パンフレット panfuretto
Regisseur	監督 kantoku
Sänger	歌手 kashu
Schauspieler	俳優 haiyū
Schauspielerin	女優 joyū
Shamisen-Konzert	三味線のコンサート shamisen no konsāto
Solist(in)	ソリスト sorisuto
Spielfilm	映画 eiga
synchronisiert	吹き替えされている fukigae sarete iru
Tanz (*traditionell japanisch)*	舞踏 butō
Theater	劇場 gekijō
Theaterstück	芝居 shibai
Untertitel	字幕 jimaku
Varietee	ショー shō
Zirkus	サーカス sākasu
Zither	琴 koto

Abends ausgehen

Was kann man hier abends unternehmen?	夜に出かけるところってどこがありますか。 yoru ni dekakeru tokoro tte doko ga arimasu ka?
Gibt es hier …	この辺によ … がありますか。 kono atari ni … ga arimasu ka.
– eine nette Kneipe?	– よさそうな居酒屋 yosasō na izakaya
– eine Disco?	– ディスコ disuko
– eine Karaoke-Bar?	– カラオケバー karaoke bā
Wo kann man hier tanzen gehen?	ダンスしたいのですが、どこがいいですか。 dansu shitai no desu ga, doko ga ii desu ka?

Ist hier noch frei?	ここは空いていますか。 koko wa aite imasu ka?
Kann man hier auch etwas essen?	一品料理もありますか。 ippin ryōri mo arimasu ka?
Was möchten Sie / möchtest du trinken?	飲み物は何にしますか。 nomimono wa nani ni shimasu ka?

► *Gemeinsam essen,* Seite 104

Abends ausgehen: weitere Wörter

Bar	バー bā
Cocktail	カクテール kakutēru
Drink	ドリンク dorinku
Karaoke	カラオケ karaoke
Karaoke-Bar	カラオケバー karaoke bā
laut	うるさい urusai
Livemusik	ライブ raibu
Theke	カウンター kauntā

Behörden

Haben Sie Post für mich?
私宛に郵便物がありますか。

Diesen Brief bitte per Luftpost.
この手紙を航空便でお願いします。

Bank

Entschuldigen Sie bitte, wo ist hier eine Bank?
すみませんが、この近くに銀行がありますか。 sumimasen ga, kono chikaku ni ginkō ga arimasu ka?

Wo kann ich Geld wechseln?
両替はどこでできますか。
ryōgae wa doko de dekimasu ka?

info Sie können in allen Banken mit dem Schild "authorized money changer" Ihre Fremdwährung in Yen umwechseln. In den internationalen Flughäfen und in den Hauptbahnhöfen der größten Städte gibt es auch Wechselstuben. Außerdem können Sie in den Hauptpostämtern, die meist auch am Wochenende geöffnet sind, Geld wechseln und Reiseschecks einlösen. Banken sind dagegen nur werktags von 9 bis 15 Uhr geöffnet. Auch die Geldautomaten sind nicht immer zugänglich, die "Öffnungszeiten" variieren je nach Geldinstitut von ca. 8-21 Uhr werktags und von 9-17 Uhr am Wochenende.

Ich möchte … Euro / Schweizer Franken umtauschen.
… ユーロ / スイスフランを日本円に替えたいのですが。
… yūro / suisu fran o nihonen ni kaetai no desu ga.

Wie hoch sind die Gebühren?
手数料はいくらですか。
tesūryō wa ikura desu ka?

Wie ist der Wechselkurs heute?
今日の為替レートはいくらですか。 kyō no kawase rēto wa ikura desu ka?

Ich habe mir Geld überweisen lassen. Ist es schon da?
お金の送金を頼みましたが、もう口座に入っているでしょうか。
o-kane no sōkin o tanomimashita ga, mō kōza ni haitte iru deshō ka?

Ich möchte einen Reisescheck einlösen.	トラベラーズチェックを現金にしたいのですが。 toraberāzu chekku o genkin ni shitai no desu ga.
身分証明書を見せてください。 mibun shōmeisho o misete kudasai.	Ihren Ausweis bitte.
ここにサインしてください。 koko ni sain shite kudasai.	Unterschreiben Sie bitte hier.
大きくしますか、細かくしますか。 ōkiku shimasu ka, komakaku shimasu ka?	Wie möchten Sie das Geld haben?
In …-Yen-Scheinen, bitte.	… 円札でお願いします。 … ensatsu de o-negai shimasu.
Geben Sie mir bitte auch etwas Kleingeld.	小銭も少し混ぜてください。 kozeni mo sukoshi mazete kudasai.

Bank: weitere Wörter

Banküberweisung	銀行振り込み ginkō furikomi
Betrag	金額 kingaku
Eurochequekarte (EC-Karte)	ＥＣカード ī shī kādo
Geheimzahl	暗証番号 anshō bangō
Geldautomat	ATM, キャッシュコーナー ei tī emu, kyasshu kōnā
Kartennummer	カード番号 kādo bangō
Kreditkarte	クレジットカード kurejitto kādo
Kurs	レート rēto
Münze	硬貨 kōka

Schalter	窓口 madoguchi
Scheckkarte	キャッシュカード kyasshu kādo
Überweisung	振込み furikomi
Unterschrift	サイン sain
Währung	通貨 tsūka
Wechselstube	両替所 ryōgaejo

Post

info Postämter erkennen Sie an dem roten Zeichen 〒. Daneben gibt es noch zahlreiche inländische Kurierdienste. Annahmestellen für Päckchen und Pakete sind in 24-Stunden-Läden oder Hotels.

Wo ist das nächste Postamt / der nächste Briefkasten?	一番近い郵便局 / ポストはどこにありますか。 ichiban chikai yūbinkyoku / posuto wa doko ni arimasu ka?
Was kostet ein Brief / eine Karte nach …?	… への手紙 / 葉書はいくらですか。 … e no tegami / hagaki wa ikura desu ka?
Fünf Briefmarken zu …, bitte.	… 円の切手を 5 枚ください。 … en no kitte o gomai kudasai.

Diesen Brief bitte …	この手紙を … お願いします。 kono tegami o … o-negai shimasu.
– per Express.	–速達で sokutatsu de
– per Luftpost.	–航空便で kōkūbin de
– auf dem Seeweg.	–船便で funabin de
Ich möchte dieses Paket aufgeben.	この小包を出したいのですが。 kono kozutsumi o dashitai no desu ga.
Wo ist der Schalter für postlagernde Sendungen?	局留めの郵便物を受け取りたいのですが、その窓口はどこですか。 kyōkudome no yūbinbutsu o uketoritai no desu ga, sono madoguchi wa doko desu ka?
Haben Sie Post für mich?	私宛に郵便物がありますか。 watashi ate ni yūbinbutsu ka arimasu ka?

Post: weitere Wörter

Absender	差出人 sashidashi-nin
Adresse	住所 jūshō
Ansichtskarte	絵葉書 ehagaki
Brief	手紙 tegami
Briefmarke	切手 kitte
Eilbrief	速達 sokutatsu
Empfänger	受取人 uketori-nin
Empfängeradresse	宛名 atena
Päckchen	小包 kozutsumi
Postleitzahl	郵便番号 yūbin bangō
schicken	送る okuru
Sondermarke	記念切手 kinen kitte
Wertangabe	価格表記 kakaku hyōki
Wertpaket	保険付小包 hoken tsuki kozutsumi

Polizei

info Die Polizei genießt hohes Ansehen in der japanischen Bevölkerung. Kleine Polizeistationen 交番 kōban findet man in allen Stadtteilen der Großstädte und auch in Dörfern. Für Touristen sind sie eine gute Anlaufstelle, um z.B. nach dem Weg zu fragen.

Wo ist das nächste Polizeirevier?	一番近い交番はどこですか。 ichiban chikai kōban wa doko desu ka?

Ich möchte … anzeigen.	… （の）届け出したいのですが。 … (no) todokede shitai no desu ga.
– einen Diebstahl	– 盗難 tōnan
– einen Überfall	– 強盗 gōtō
– eine Vergewaltigung	– 強姦 gōkan

► *Unfall,* Seite 56

Man hat mir meine Handtasche / mein Portemonnaie gestohlen.	鞄 / 財布が盗まれました。 kaban / saifu ga nusumaremashita.
Ich habe … verloren.	… をなくしましたが。 … o nakushimashita ga.
Mein Auto ist aufgebrochen worden.	車がこじ開けられました。 kuruma ga kojiakeraremashita.
Ich bin betrogen worden.	騙されました。 damasaremashita.
Ich benötige eine Bescheinigung für meine Versicherung.	保険のために証明書が要るのですが。 hoken no tame ni shōmeisho ga iru no desu ga.
Ich möchte meinen Anwalt / mein Konsulat kontaktieren.	弁護士 / 領事館に連絡を取りたいのです。 bengoshi / ryōjikan ni renraku o toritai no desu.
Ich bin unschuldig.	私には責任がありません。 watashi niwa sekinin ga arimasen.
この用紙に記入してください。 kono yōshi ni kinyū shite kudasai.	Füllen Sie bitte dieses Formular aus.
パスポートをください。 pasupōto o kudasai.	Ihren Ausweis, bitte.
それはいつ / どこに起こりましたか。 sore wa itsu / doko ni okorimashita ka?	Wann / Wo ist es passiert?

お国の領事館に問い合わせてください。 o-kuni no ryō jikan ni toiawasete kudasai.

Wenden Sie sich bitte an Ihr Konsulat.

Polizei: weitere Wörter

Anzeige	届出 todokede
Autoradio	カーラジオ kā rajio
belästigen	いやがらせをする iyagarase o suru
Botschaft	大使館 taishi-kan
Dieb	泥棒 dorobō
Falschgeld	贋札 nisesatsu
Fundbüro	遺失物取扱所 ishitsubutsu toriatsukaijo
Polizei	警察 keisatsu
Polizist	警官 keikan
Rauschgift	麻薬 mayaku
Taschendieb	スリ suri
Unfall	事故 jiko
verhaften	逮捕する taiho suru
Zeuge	目撃者 mokugekisha

Gesundheit

Wo ist die nächste Apotheke?
一番近い薬局はどこですか。

Ich habe hohes Fieber.
高熱があるのです。

Apotheke

info Früher bekam man die zur Heilung benötigte Medizin direkt in der Arztpraxis, so dass keine Rezepte ausgestellt wurden und die meisten Apotheken keine rezeptpflichtigen Medikamente führten. Heute ist dies auch noch häufig der Fall, es gibt jedoch auch Apotheken, die Rezepte annehmen 処方せん受付 shohōsen uketsuke .

Wo ist die nächste Apotheke (mit Nachtdienst)?	一番近い（夜開いている）薬局はどこですか。 ichiban chikai (yoru aite iru) yakkyoku wa doko desu ka?
Haben Sie etwas gegen …?	… に効く薬がありますか。 … ni kiku kusuri ga arimasu ka?

► *Krankheiten und Beschwerden,* Seite 192

Ich brauche dieses Medikament.	この薬が要るのですが。 kono kusuri ga iru no desu ga.
Eine kleine Packung genügt.	小さい箱で結構です。 chīsai hako de kekkō desu.
この薬は医師の処方が必要です。 kono kusuri wa ishi no shohō ga hitsuyō desu.	Dieses Medikament ist rezeptpflichtig.
Wie muss ich es einnehmen?	薬の飲み方を教えてください。 kusuri no nomikata o oshiete kudasai.

それは在庫がありません。 sore wa zaiko ga arimasen. — Das haben wir nicht da.

注文しなければなりませんが。 chūmon shinakereba narimasen ga. — Wir müssen es bestellen.

Wann kann ich es abholen? — いつ取りに来ればいいですか。 itsu tori ni kureba ii desu ka?

Beipackzettel

Zusammensetzung	成分 seibun
Anwendungsgebiete	適応症 tekiōshō
Gegenanzeigen	禁忌 kinki
Dosierungsanleitung	用量 yōryō
Säuglinge	乳児 nyūji
Kinder	子供 kodomo
Schwangerschaft	妊娠 ninshin
Erwachsene	大人 otona
dreimal täglich	一日に三回 ichinichi ni sankai
eine Tablette	一錠 ichijō
zehn Tropfen	１０滴 jutteki
ein Teelöffel	ティースプーンは一杯 tīsupūn wa ippai
Einnahme	服用 fukuyō
im Munde zergehen lassen	口中に溶かす kōchū ni tokasu
nach dem Essen	食事後 shokujigo
vor dem Essen	食前 shokuzen
auf nüchternen Magen	空腹時に kūfukuji ni
unzerkaut einnehmen	かまずに服用する kamazu ni fukuyō suru

Anwendung	用法 yōhō
äußerlich	外用 gaiyō
rektal	直腸 chokuchō
innerlich	内服用 naifukuyō
oral	経口 keikō
Nebenwirkungen	副作用 fukusayō
kann zu Müdigkeit führen	眠気があらわれることがある nemuke ga arawareru koto ga aru
kann zu Beeinträchtigungen im Straßenverkehr führen	運転操作に影響を与える可能性がある unten sōsa ni eikyō o ataeru kanōsei ga aru

Medikamente

Abführmittel	下剤 gezai
Antibabypille	避妊ピル hinin piru
Antibiotikum	抗生物質 kōseibusshitsu
Augentropfen	目薬 megusuri
Beruhigungsmittel	精神安定剤 seishin anteizai
Desinfektionsmittel	殺菌剤 sakkinzai
Elastikbinde	伸縮包帯 shinshuku hōtai
fiebersenkendes Mittel	解熱剤 genetsuzai
Fieberthermometer	体温計 taionkei
Halsschmerztabletten	喉の薬 nodo no kusuri
homöopathisch	ホメオパシー（の） homeopashī (no)
Hustensaft	咳止め seki dome
Insulin	インシュリン inshurin
Jod	ヨード yōdo
Kondome	コンドーム kondōmu
Kopfschmerztabletten	頭痛薬 zutsūyaku
Magentabletten	胃腸薬 ichōyaku
Mittel gegen …	…に効く薬 … ni kiku kusuri
Mullbinde	ガーゼ包帯 gāze hōtai

Nasentropfen	点鼻薬 tenbiyaku
Ohrentropfen	点耳薬 tenjiyaku
Pflaster	バンドエイド bando eido
Puder	パウダー paudā
Pulver	粉薬 konagusuri
Rezept	処方 shohō
Salbe	塗り薬 nurigusuri
Salbe gegen Juckreiz	痒み止めの塗り薬 kayumidome no nurigusuri
Salbe gegen Mückenstiche	虫刺され薬 mushisasareyaku
Salbe gegen Sonnenallergie	日光アレルギーに効く塗り薬 nikkō arerugī ni kiku nurigusuri
Salbe gegen Sonnenbrand	日焼け止めクリーム hiyakedome kurīmu
Schlaftabletten	睡眠薬 suiminyaku
Schmerzmittel	痛み止め itamidome
Spritze	注射 chūsha
Tabletten gegen …	… に効く錠剤 … ni kiku jōzai
Tropfen	水薬 mizugusuri
Verbandszeug	包帯材料 hōtai zairyō
Wundsalbe	傷薬 kizugusuri
Zäpfchen	座薬 zayaku

► *Krankheiten und Beschwerden,* Seite 192

Arzt

Arztsuche

Können Sie mir einen praktischen Arzt / Zahnarzt empfehlen? — 医者 / 歯医者を紹介していただけませんか。 isha / haisha o shōkai shite itadakemasen ka?

► weitere Ärzte, Seite 185

Spricht er Deutsch / Englisch?	その人はドイツ語 / 英語が話せますか。 sono hito wa doitsu-go / ei-go ga hanasemasu ka?
Wo ist seine Praxis?	医院はどこですか。 iin wa doko desu ka?
Kann er herkommen?	来ていただけますか。 kite itadakemasu ka?
Rufen Sie bitte einen Krankenwagen / Notarzt!	救急車 / 救急医を呼んでください。 kyūkyūsha / kyūkyūi o yonde kudasai.

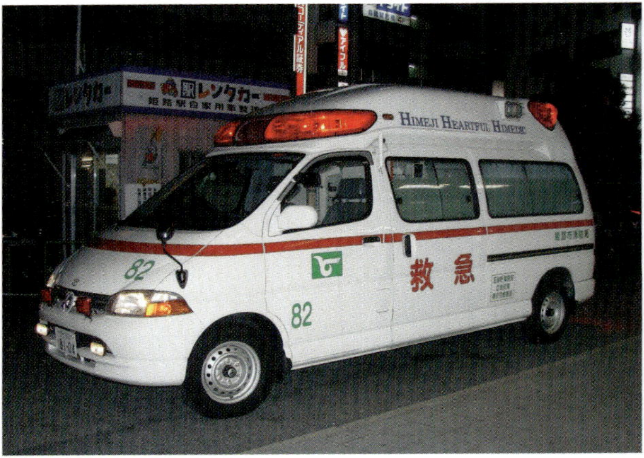

info Für Notarzt und Krankenwagen wählen Sie die kostenfreie Notrufnummer 119. Auskunft auf Englisch in Notfällen erteilt die "Japan Helpline" unter der Nummer 0120 46 19 97.

Meine Frau ist krank.	家内は病気です。 kanai wa byōki desu.
Mein Mann ist krank.	主人は病気です。 shujin wa byōki desu.
Wohin bringen Sie <u>ihn</u> / <u>sie</u>?	<u>彼</u> / <u>彼女</u>をどこに運びますか。 <u>kare</u> / <u>kanojo</u> o doko ni hakobimasu ka?
Ich möchte mitkommen.	連れて行きたいのですが。 tsurete ikitai no desu ga.

Ärzte

Arzt	医者 isha
Ärztin	女医 joi
Augenarzt	眼科医 gankai
Frauenarzt	産婦人科医 sanfujinkai
Frauenärztin	女医の産婦人科医 joi no sanfujinkai
Hals-Nasen-Ohren-Arzt	耳鼻咽喉科医 jibi inkōkai
Heilpraktiker (*chinesische Medizin)*	漢方医 kanpōi
Internist	内科医 naikai
Kinderarzt	小児科医 shōnikai
Orthopäde	整形外科医 seikei gekai
Praktischer Arzt	一般開業医 ippan kaigyōi
Tierarzt	獣医 jūi
Urologe	泌尿器科医 hinyōkikai
Zahnarzt	歯医者 haisha

► *Beim Zahnarzt,* Seite 196

Beim Arzt

Ich bin (stark) erkältet.	(ひどい)風邪を引いてしまいました。 (hidoi) kaze o hīte shimaimashita.
Ich habe Kopfschmerzen.	頭痛がします。 zutsū ga shimasu.
Ich habe Halsschmerzen.	喉が痛いのです。 nodo ga itai no desu.
Ich habe (hohes) Fieber.	(高)熱があるのです。 (kō)netsu ga aru no desu.
Ich habe Durchfall.	下痢しています。 geri shite imasu.
Ich fühle mich nicht wohl.	気分が悪いのです。 kibun ga warui no desu.
Mir ist schwindelig.	めまいがします。 memai ga shimasu.
Mir tut / tun … weh.	…が痛いのです。 … ga itai no desu.

► *Körperteile und Organe,* Seite 190

Hier habe ich Schmerzen.	ここが痛いです。 koko ga itai desu.
Ich habe mich (mehrmals) übergeben.	(何度も)吐いてしまいました。 (nando mo) haite shimaimashita.
Ich habe mir den Magen verdorben.	お腹を壊してしまいました。 o-naka o kowashite shimaimashita.
Ich bin ohnmächtig geworden.	意識を失いました。 ishiki o ushinaimashita.

Ich kann … nicht bewegen.	… が動かせないのですが。 … ga ugokasenai no desu ga.

► *Körperteile und Organe*, Seite 190

Ich habe mich verletzt.	怪我をしました。 kega o shimashita.
Ich bin gestürzt.	転んでしまいました。 koronde shimaimashita.
Ich bin von … gestochen / gebissen worden.	… に刺されました / 噛まれました。 … ni sasaremashita / kamaremashita.
Ich bin / bin nicht gegen … geimpft.	…の予防接種を受けています / いません。 … no yobō sesshu o ukete imasu / imasen.
Ich bin allergisch gegen Penizillin.	ペニシリンにアレルギーがあります。 penishirin ni arerugī ga arimasu.
Ich habe einen hohen / niedrigen Blutdruck.	血圧が高い / 低いです。 ketsuatsu ga takai / hikui desu.
Ich habe einen Herzschrittmacher.	私は心臓ペースメーカーを使っています。 watashi wa shinzō pēsumē kā o tsukatte imasu.
Ich bin (im … Monat) schwanger.	妊娠しています。（… ヶ月であります。） ninshin shite imasu. (… kagetsu de arimasu.)
Ich bin Diabetiker.	糖尿病患者なのです。 tōnyōbyō kanja na no desu.
Ich nehme regelmäßig diese Medikamente.	この薬を定期的に服用しています。 kono kusuri o teikiteki ni fukuyō shite imasu.

どうしましたか。 dō shimashita ka?	Was für Beschwerden haben Sie?
どこが痛いですか。 doko ga itai desu ka?	Wo haben Sie Schmerzen?
こうすると痛いですか。 kō suru to itai desu ka?	Tut das weh?
口を開けてください。 kuchi o akete kudasai.	Öffnen Sie den Mund.
舌を出してください。 shita o dashite kudasai.	Zeigen Sie die Zunge.
シャツを脱いでください。 shatsu o nuide kudasai.	Bitte machen Sie den Oberkörper frei.
袖をまくってください。 sode o makutte kudasai.	Bitte machen Sie Ihren Arm frei.
レントゲンを撮らなければなりません。 rentogen o toranakereba narimasen.	Wir müssen Sie röntgen.
深呼吸をしてください。息を止めてください。 shinkokyū o shite kudasai. iki o tomete kudasai.	Atmen Sie tief. Atem anhalten.

その痛みはいつから始まりましたか。 sono itami wa itsu kara hajimarimashita ka?	Wie lange haben Sie diese Beschwerden schon?
… の予防接種を受けていますか。 … no yobō sesshu o ukete imasu ka?	Sind Sie gegen … geimpft?
予防接種記録カードはお持ちですか。 yobō sesshu kiroku kā do wa o-mochi desu ka?	Haben Sie einen Impfpass?
血液 / 尿を検査しなければなりません。 ketsueki / nyō o kensa shinakereba narimasen.	Ihr Blut / Urin muss untersucht werden.
手術が必要なんです。 shujutsu ga hitsuyō na n desu.	Sie müssen operiert werden.
大した病気ではありません。 taishita byōki dewa arimasen.	Es ist nichts Ernstes.
あした / … 日後にもう一度来てください。 ashita / … ka go ni mō ichido kite kudasai.	Kommen Sie morgen / in … Tagen wieder.
Können Sie mir ein Attest ausstellen?	診断書を書いていただけませんか。 shindansho o kaite itadakemasen ka?

Muss ich noch einmal kommen?	もう一度来なければなりませんか。 mō ichido konakereba narimasen ka?
Geben Sie mir bitte eine Quittung für meine Versicherung.	保険に出せる領収書をください。 hoken ni daseru ryōshū sho o kudasai.

Körperteile und Organe

Arm	腕 ude
Auge	目 me
Bandscheibe	椎間板 tsuikanban
Bauch	お腹 o-naka
Becken	骨盤 kotsuban
Bein	足 ashi
Blase	膀胱 bōkō
Blinddarm	盲腸 mōchō
Blut	血液 ketsueki
Bronchien	気管支 kikanshi
Brust	胸 mune
Darm	腸 chō
Ferse	かかと kakato
Finger	指 yubi
Fuß	足 ashi
Galle	胆のう tannō
Gehirn	脳 nō
Gelenk	関節 kansetsu
Geschlechtsorgane	生殖器 seishokuki
Gesäß	お尻 o-shiri
Gesicht	顔 kao
Hals *(innerer)*	喉 nodo
Hals *(äußerer)*	首 kubi
Hand	手 te

Haut	皮膚 hifu
Herz	心臓 shinzō
Hüfte	腰 koshi
Knie	ひざ hiza
Kniescheibe	膝蓋骨 shitsugaikotsu
Knöchel *(Hand)*	手首 tekubi
Knöchel *(Fuß)*	くるぶし kurubushi
Knochen	骨 hone
Kopf	頭 atama
Leber	肝臓 kanzō
Lunge	肺 hai
Magen	胃 i
Mandeln	へんとう hentō
Mund	口 kuchi
Muskel	筋肉 kinniku
Nacken	首 kubi
Nase	鼻 hana
Nerv	神経 shinkei
Niere	腎臓 jinzō
Ohr	耳 mimi
Rippe	肋骨 rokkotsu
Rücken	背中 senaka
Schienbein	すね sune
Schilddrüse	甲状腺 kōjōsen
Schleimhaut	粘膜 nenmaku
Schlüsselbein	鎖骨 sakotsu
Schulter	肩 kata
Sehne	腱 ken
Stirn	額 hitai
Stirnhöhle	前頭洞 zentōdō
Wade	ふくらはぎ fukurahagi
Wirbel	脊髄 sekizui
Wirbelsäule	背骨 sebone
Zehe	足の指 ashi no yubi
Zunge	舌 shita

Krankheiten und Beschwerden

Abszess	膿瘍 nōyō
Aids	エイズ eizu
Allergie	アレルギー arerugī
Angina	扁桃腺炎 hentōsenen
ansteckend	伝染性（の） densensei (no)
Asthma	ぜんそく zensoku
Atembeschwerden	息苦しさ ikigurushisa
Ausschlag	発疹 hasshin
Bänderriss	靭帯損傷 jintai sonshō
Bindehautentzündung	結膜炎 ketsumakuen
Biss	かみ傷 kamikizu
Blase (*Wundblase*)	水脹れ mizubukure
Blasenentzündung	膀胱炎 bōkōen
Blinddarmentzündung	盲腸炎 mōchōen

Blutdruck, hoher	高血圧 kōketsuatsu
Blutdruck, niedriger	低血圧 teiketsuatsu
Blutung	出血 shukketsu
Blutvergiftung	敗血症 haiketsushō
Bronchitis	気管支炎 kikanshien
Diabetes	糖尿病 tōnyōbyō
Durchfall	下痢 geri
Entzündung	炎症 enshō
Erbrechen	嘔吐 ōto
Erkältung	風邪 kaze
Fieber	熱 netsu
Gallensteine	胆石 tanseki
gebrochen	折れた oreta
Gehirnerschütterung	脳震盪 nōshintō
Geschlechtskrankheit	性病 seibyō
Geschwür	潰瘍 kaiyō
Grippe	インフルエンザ infuruenza
Hämorrhoiden	痔 ji
Herpes	ヘルペス herupesu
Herzanfall	心臓発作 shinzō hassa
Herzfehler	心臓病 shinzōbyō
Herzinfarkt	心筋梗塞 shinkin kōsoku
Heuschnupfen	花粉症 kafunshō
Hexenschuss	ぎっくり腰 gikkuri koshi
Hirnhautentzündung	髄膜炎 zuimakuen
Husten	咳 seki
Infektion	伝染病 densenbyō
Keuchhusten	百日ぜき hyakunichizeki
Kinderlähmung	小児麻痺 shōni mahi
Kolik	疝痛 sentsū
Krampf	痙攣 keiren
Krebs	癌 gan
Kreislaufstörungen	循環器系疾患 junkankikei shikkan

Lebensmittelvergiftung	食中毒 shokuchūdoku
Leistenbruch	鼠径ヘルニア sokei herunia
Lungenentzündung	肺炎 haien
Magengeschwür	胃潰瘍 ikaiyō
Magenschmerzen	胃痛 itsū
Mandelentzündung	扁桃腺炎 hentōsenen
Masern	はしか hashika
Menstruation	生理 seiri
Migräne	偏頭痛 henzutsū
Mittelohrentzündung	中耳炎 chūjien
Mumps	おたふくかぜ otafuku kaze
Muskelzerrung	肉離れ nikubanare
Nasenbluten	鼻血 hanaji
Neuralgie	神経痛 shinkeitsū
Nierensteine	腎臓結石 jinzō kesseki
Pilzinfektion	真菌症 shinkinshō
Prellung	打撲傷 dabokushō
Röteln	風疹 fūshin
Scharlach	猩紅熱 shōkōnetsu
Scheidenentzündung	膣炎 chien
Schlaganfall	脳卒中 nōsotchū
Schnupfen	風邪 kaze
Schüttelfrost	悪寒 okan
Schweißausbruch	発汗 hakkan
Schwellung	腫れ hare
Schwindel	めまい memai
Sodbrennen	胸焼け muneyake
Sonnenbrand	日焼け hiyake
Sonnenstich	日射病 nisshabyō
Stich	虫刺され mushisasare
Tetanus	破傷風 hashōfū
(bösartiger / gutartiger) Tumor	(悪性の / 良性の) 腫瘍 (akusei no / ryōsei no) juyō

Übelkeit	吐き気 hakike
Verbrennung	やけど yakedo
Verletzung	怪我 kega
verrenkt	脱臼した dakkyū shita
verstaucht	捻挫した nenza shita
Verstopfung	便秘 benpi
Windpocken	水ぼうそう mizu bōsō
Wunde	傷 kizu
Zeckenbiss	ダニ刺され dani sasare

Im Krankenhaus

Gibt es hier jemanden, der Deutsch spricht?	ドイツ語が話せる方がいますか。 doitsu-go ga hanaseru kata ga imasu ka?
Ich möchte mit einem Arzt sprechen.	お医者さんに話したいのですが。 o-isha-san ni hanashitai no desu ga.

Beim Arzt, Seite 186

Ich möchte mich lieber in Deutschland operieren lassen.	できればドイツで手術を受けたいのですが。 dekireba doitsu de shujutsu o uketai no desu ga.
Bitte benachrichtigen Sie meine Familie.	家族に連絡してください。 kazoku ni renraku shite kudasai.
Könnten Sie mir bitte helfen?	手伝っていただけませんか。 tetsudatte itadakemasen ka?
Geben Sie mir bitte etwas gegen die Schmerzen.	痛みを和らげる薬を下さい。 itami o yawarageru kusuri o kudasai.
Geben Sie mir bitte etwas zum Einschlafen.	寝られる薬を下さい。 nerareru kusuri o kudasai.

Beim Zahnarzt

Dieser Zahn hier tut weh.	この歯が痛いのですが。 kono ha ga itai no desu ga.
Der Zahn ist abgebrochen.	歯が折れてしまいました。 ha ga orete shimaimashita.
Ich habe eine Füllung / Krone verloren.	詰め物 / クラウンが取れてしまいました。 tsumemono / kuraun ga torete shimaimashita.
Können Sie den Zahn provisorisch behandeln?	仮詰め物を入れられますか。 karitsumemono o irerare masu ka?
Den Zahn bitte nicht ziehen.	この歯を抜かないでください。 kono ha o nukanaide kudasai.
Geben Sie mir bitte eine Spritze.	注射をしてください。 chūsha o shite kudasai.

Geben Sie mir bitte keine Spritze.	注射なしでお願いします。 chūsha nashi de o-negai shimasu.
Können Sie diese Prothese reparieren?	この入れ歯は修理できますか。 kono ireba wa shūri dekimasu ka?
詰め物が必要なんです。 tsumemono ga hitsuyō na n desu.	Sie brauchen eine Füllung.
かぶせ / ブリッジが必要なんです。 kabuse / burijji ga hitsuyō na n desu.	Sie brauchen eine Krone / Brücke.
この歯を抜かなければなりません。 kono ha o nukanakereba narimasen.	Ich muss den Zahn ziehen.
よくすすいでください。 yoku susuide kudasai.	Bitte gut spülen.
2時間は物を食べないでください。 nijikan wa mono o tabenaide kudasai.	Bitte zwei Stunden nichts essen.

Beim Zahnarzt: weitere Wörter

Abdruck	歯型 hagata
Amalgamfüllung	アマルガム詰め物 amarugamu tsumemono
Gebiss (*Prothese*)	入れ歯 ireba
Goldinlay	金属インレー kinzoku inrē
Inlay	インレー inrē
Karies	虫歯 mushiba

Kiefer	顎 ago
Kunststofffüllung	プラスチックの詰め物 purasuchikku no tsumemono
Nerv	歯髄 shizui
Parodontose	歯槽膿漏 shisō nōrō
Porzellanfüllung	セラミックの詰め物 seramikku no tsumemono
Provisorium	仮詰め karitsume
Weisheitszahn	親知らず oyashirazu
Wurzel	歯根 shikon
Wurzelbehandlung	根管治療 konkan chiryō
Zahn	歯 ha
Zahnfleisch	歯肉 shiniku
Zahnfleisch-entzündung	歯肉炎 shinikuen
Zahnspange	ブレース burēsu
Zahnstein	歯石 shiseki

Die Zeit

Wie spät ist es?
何時ですか。

Es ist Viertel nach 5.
５時１５分です。

Uhrzeit

Wie spät ist es?	何時ですか。	nanji desu ka?
Es ist 1 Uhr.	1時です。	ichiji desu.
Es ist 2 Uhr.	2時です。	niji desu.
Es ist 12 Uhr mittags / nachts.	昼 / 夜の12時です。	hiru / yoru no jūniji desu.
Es ist 5 (Minuten) nach 4.	4時5分です。	yoji gofun desu.
Es ist Viertel nach 5.	5時15分です。	goji jūgofun desu.
Es ist halb 7.	6時半です。	rokuji han desu.
Es ist 5 nach halb 4.	3時35分です。	sanji sanjūgofun desu.
Es ist Viertel vor 9.	9時15分前です。	kuji jūgofun mae desu.
Es ist 10 (Minuten) vor 8.	8時10分前です。	hachiji juppun mae desu.

info Bei Uhrzeitangaben verwendet man die sino-japanischen Zahlen von 1 – 12. Wenn man verdeutlichen will, ob die Zeitangabe sich auf den Vormittag oder den Abend bezieht, stellt man für die Zeit vor 12 Uhr mittags 朝の asa no vor die Zeitangabe und für die Zeit nach 12 Uhr mittags 午前の gozen no.

Um wie viel Uhr?	何時に。	nanji ni?
Wann?	いつ。	itsu?
Um 10 Uhr.	10時に。	jūji ni.

Bis 11 Uhr.	１１時まで。	jūichiji made.
Von 8 bis 9 Uhr.	８時から９時まで。	hachiji kara kuji made.
Zwischen 10 und 12 Uhr.	１０時と１２時の間。	jūji to jūniji no aida.
In einer halben Stunde.	あと３０分で。	ato sanjuppun de.
Es ist (zu) spät.	（もう）遅いです。	(mō) osoi desu.
Es ist noch zu früh.	まだ早いです。	mada hayai desu.

Allgemeine Zeitangaben

Abend *(früh)*	晩	ban
Abend *(spät)*	夜	yoru
abends	夜に	yoru ni
am Nachmittag	午後に	gogo ni
bald	もうすぐ	mō sugu
bis …	… まで	… made
diesen Monat	今月	kongetsu
dieses Jahr	今年	kotoshi
diese Woche	今週	konshū
früh	早い	hayai
gestern	昨日	kinō, sakujitsu
halbe Stunde	３０分	sanjuppun
heute	今日	kyō
heute Morgen	今朝	kesa
heute Nachmittag	今日の午後	kyō no gogo
heute Abend	今晩	konban
Jahr	年	toshi
jedes Jahr	毎年	mai toshi

jeden Monat	毎月	mai tsuki
jeden Tag	毎日	mai nichi
jede Woche	毎週	mai shū
jetzt	今	ima
letztes Jahr	去年	kyonen
letzte Woche	先週	senshū
manchmal	時々	tokidoki
mittags	昼に	hiru ni
Monat	月	tsuki
morgen	明日	ashita
Morgen	朝	asa
morgens	朝に	asa ni
Nachmittag	午後	gogo
nächsten Monat	来月	raigetsu
nächstes Jahr	来年	rainen
nächste Woche	来週	raishū
Nacht	夜	yoru
nachts	夜に	yoru ni
seit …	… から	… kara
spät	遅い	osoi
später	後に	nochi ni
Stunde	時間	jikan
Tag	日	hi
übermorgen	あさって	asatte
um …	… に	… ni
Viertelstunde	１５分	jūgofun
vor einem Monat	一ヶ月前	ikkagetsu mae
vor kurzem	この間	kono aida
vorgestern	おととい	ototoi
Vormittag	午前	gozen
vormittags	午前の	gozen no
Woche (lang)	週(間)	shū(kan)
Zeit	時間	jikan

Jahreszeiten

Frühling	春	haru
Sommer	夏	natsu
Herbst	秋	aki
Winter	冬	fuyu

Datum

info Bei Datumsangaben wird zuerst das Jahr, dann der Monat und zuletzt der Tag genannt. Bis zum 10. eines Monats wird die Tageszählung unregelmäßig gebildet. Vom 11. bis zum 31. wird mit Ausnahme des 20. die sino-japanische Zählweise zusammen mit dem Zähleinheitswort 日 nichi verwendet.

Den Wievielten haben wir heute?	今日は何月何日ですか。 kyō wa nangatsu nannichi desu ka?
Heute ist der 2. Juli.	今日は７月２日です。 kyō wa shichigatsu futsuka desu.
Am 4. dieses / nächsten Monats.	今月 / 来月の４日に。 kongetsu / raigetsu no yokka ni.

Bis zum 10. März.	３月１０日まで。 sangatsu tōka made.
Wir reisen am 20. August ab.	８月２０日に出発します。 hachigatsu hatsuka ni shuppatsu shimasu.

Kalendertage

der 1.	一日、１日	tsuitachi
der 2.	二日、２日	futsuka
der 3.	三日、３日	mikka
der 4.	四日、４日	yokka
der 5.	五日、５日	itsuka
der 6.	六日、６日	muika
der 7.	七日、７日	nanoka
der 8.	八日、８日	yōka
der 9.	九日、９日	kokonoka
der 10.	十日、１０日	tōka
der 11.	十一日、１１日	jūichinichi
der 20.	二十日、２０日	hatsuka
der 21.	二十一日、２１日	nijūichinichi
der 30.	三十日、３０日	sanjūnichi
der 31.	三十一日、３１日	sanjūichinichi

Wochentage

Montag	月曜日	getsuyōbi
Dienstag	火曜日	kayōbi
Mittwoch	水曜日	suiyōbi
Donnerstag	木曜日	mokuyōbi
Freitag	金曜日	kinyōbi
Samstag, Sonnabend	土曜日	doyōbi
Sonntag	日曜日	nichiyōbi

Monate

Januar	1月	ichigatsu
Februar	2月	nigatsu
März	3月	sangatsu
April	4月	shigatsu
Mai	5月	gogatsu
Juni	6月	rokugatsu
Juli	7月	shichigatsu
August	8月	hachigatsu
September	9月	kugatsu
Oktober	10月	jūgatsu
November	11月	jūichigatsu
Dezember	12月	jūnigatsu

Feiertage und Feste

info Fällt ein Feiertag auf einen Sonntag, so wird der darauffolgende Montag zu einem Feiertag.

Feiertage

Neujahrstag	元日	ganjitsu
1. bis 3. Januar: Neujahr	お正月	o-shōgatsu
2. Montag im Januar: Tag der Erwachsenen	成人の日	seijin no hi
11. Februar: Tag der Staatsgründung	建国記念の日	kenkoku kinenbi
20. (oder 21.) März: Frühlingsanfang	春分の日	shunbun no hi
29. April: Showa-Tag	昭和の日	shōwa no hi

3. Mai: Tag der Verfassung	憲法記念日 kenpō kinenbi
4. Mai: Tag des Grüns	緑の日 midori no hi
5. Mai: Tag der Kinder	子供の日 kodomo no hi
3. Montag im Juli: Tag des Meeres	海の日 umi no hi
3. Montag im September: Tag der Ehrerbietung für Ältere	敬老の日 keirō no hi
23. (oder 24.) September: Herbstanfang	秋分の日 shūbun no hi
2. Montag im Oktober: Tag des Sports	体育の日 taiiku no hi
3. November: Tag der Kultur	文化の日 bunka no hi
23. November: Tag der Arbeit	勤労感謝の日 kinrō kansha no hi
23. Dezember: Geburtstag des Kaisers	天皇誕生日 tennō tanjōbi
Heiligabend	クリスマスイブ kurisumasu ibu
Silvester	大晦日 ōmisoka
Weihnachten	クリスマス kurisumasu

info Die Feiertage vom 29. April bis zum 5. Mai werden als ゴルデンウイーク goruden uīku bezeichnet. Die "Goldene Woche" ist neben Neujahr und お盆 o-bon, dem Totenfest im August, eine der Hauptreisezeiten.

Wetter und Umwelt

Was sagt der Wetterbericht?
天気予報はどうですか。

Es wird Regen geben.
雨が降るそうです。

Wetter

Was für ein schönes Wetter heute!	今日はいいお天気ですね。	kyō wa ii o-tenki desu ne.
Heute ist aber schlechtes Wetter!	今日は天気が悪いですね。	kyō wa tenki ga warui desu ne.
Wie wird das Wetter heute / morgen?	今日 / あしたの天気はどうなる見込みですか。	kyō / ashita no tenki wa dō naru mikomi desu ka?
Was sagt der Wetterbericht?	天気予報はどうですか。	tenki yohō wa dō desu ka?
Es wird …	… なるそうです。	… naru sō desu.
– schön.	– よく	yoku
– schlecht.	– 悪く	waruku
– warm.	– 暖かく	atatakaku
– heiß.	– 暑く	atsuku
– kalt.	– 寒く	samuku
– schwül.	– 蒸し暑く	mushiatsuku
Es wird Regen / ein Gewitter geben.	雨が降る / 雷雨になるそうです。	ame ga furu / raiu ni naru sō desu.
Die Sonne scheint.	晴れています。	harete imasu.
Es ist ziemlich windig.	風がかなり吹いています。	kaze ga kanari fuite imasu.
Es regnet / schneit.	雨 / 雪が降っています。	ame / yuki ga futte imasu.
Wie viel Grad haben wir?	今日の気温は何度ですか。	kyō no kion wa nando desu ka?
Es sind … Grad.	… 度です。	… do desu.

Wetter: weitere Wörter

bewölkt	曇っている kumotte iru
Blitz	稲光 inabikari
Dämmerung (*morgens*)	夜開け yoruake
Dämmerung (*abends*)	日暮れ higure
diesig	かすんでいる kasunde iru
Donner	雷 kaminari
Erdbeben	地震 jishin
feucht	じめじめした jimejime shita
frieren; es friert	凍っている kōtte iru
Frost	霜 shimo
Glatteis	氷 kōri
Grad	度 do
Hagel	あられ arare
heiter	晴れ hare
Hitze	暑さ atsusa
Hoch	高気圧 kōkiatsu
klar	晴れている harete iru
Klima	気候 kikō
kühl	涼しい suzushii
Luft	空気 kūki
Luftdruck	気圧 kiatsu
Luftfeuchtigkeit	湿気 shikke
Mond	月 tsuki
nass	濡れている nurete iru
Nebel	霧 kiri
Nieselregen	霧雨 kirisame
Regenschauer	にわか雨 niwaka ame
Regenzeit	梅雨 tsuyu
regnerisch	雨もよう amemoyō
Schnee	雪 yuki
Sonnenaufgang	日の出 hi no de
Sonnenuntergang	日の入り hi no iri

sonnig	晴れ(の) hare (no)
Stern	星 hoshi
Sturm	嵐 arashi
stürmisch	大荒れ(の) ōare (no)
Taifun	台風 taifū
tauen; es taut	溶ける tokeru
Temperatur	気温 kion
Tief	低気圧 teikiatsu
trocken	乾燥した kansō shita
wechselhaft	変わりやすい kawariyasui
Wind	風 kaze
Wolke	雲 kumo

Umweltbedingungen

Hier ist es sehr laut.	ここはうるさいです。 koko wa urusai desu.
Können Sie diesen Lärm abstellen?	この音を止めていただけませんか。 kono oto o tomete itadakemasen ka?
Hier riecht es unangenehm.	いやな臭いがします。 iya na nioi ga shimasu.
Woher kommt dieser Geruch?	この匂いはどこから来ますか。 kono nioi wa doko kara kimasu ka?
Ist das Wasser trinkbar / sauber?	この水は飲めます / きれいですか。 kono mizu wa nomemasu / kirei desu ka?
Das Wasser ist verschmutzt.	この水は汚れています。 kono mizu wa yogorete imasu.
Ist das gefährlich?	危ないですか。 abunai desu ka?

Grammatik

Satzbau

Im japanischen Satz ist die Abfolge der Satzglieder Subjekt – Objekt – Prädikat. Der Satzbau bleibt auch in Fragesätzen und Nebensätzen gleich.

Höflichkeit

Das Japanische verfügt über ein komplexes Höflichkeitssystem. Es gibt den neutralen Stil, in dem man innerhalb der Familie oder unter Freunden redet, und den höflichen Stil, den man im Gespräch mit Unbekannten und sozial höher gestellten Personen verwendet. Ob man im neutralen oder im höflichen Stil redet, wird im Prädikat ausgedrückt. Die Sätze in diesem Sprachführer sind meistens im höflichen Stil gehalten.

Zusätzlich gibt es noch die Sprache der Ehrerbietung, die man verwendet, um dem Gesprächspartner oder einer Person bzw. einem Gegenstand aus dessen Wirkungskreis Respekt zu zollen. Von dem Wort います imasu (sich befinden) gibt es beispielsweise zwei Varianten: いらっしゃいます irasshaimasu verwendet man für die ehrenwerte Anwesenheit eines respektablen Gesprächspartners, おります orimasu dagegen, um das eigene bescheidene Dasein auszudrücken.

Auslassung

Im Japanischen lässt man gerne Satzglieder weg, wenn aus dem Gespräch oder der Situation heraus klar ist, worum es sich handelt. In Fragen an einen Gesprächspartner wird daher das Personalpronomen "du" weggelassen, da man normalerweise keine Fragen an sich selbst stellt. Wenn es klar ist, dass der Sprecher von sich selbst spricht, wird auch die Entsprechung für das Personalpronomen "ich" weggelassen. Daher sind in den Sätzen des Sprachführers diese Personalpronomen nur selten ins Japanische übersetzt.

Substantive

Japanische Substantive sind unveränderbar. Es gibt keine Unterscheidung zwischen verschiedenen Geschlechtern und – mit einigen Ausnahmen – auch nicht zwischen Singular und Plural. Meistens wird aus dem Kontext deutlich, ob es sich um einen oder mehrere Gegenstände bzw. Personen handelt. Genaue Mengenangaben macht man mithilfe von Zähleinheitswörtern.

Die Rolle, die ein Substantiv im Satz spielt, wird durch Partikeln, die hinter dem Substantiv stehen, angezeigt.

Substantive haben keinen Artikel bei sich.

Partikeln

Es gibt drei Arten von Partikeln: Funktions-, Diskurs- und Satzendpartikeln.

Funktionspartikeln

Sie stehen hinter einem Substantiv und zeigen die Rolle an, die dieses im Satz spielt.

Partikel	Funktion
が ga	Subjekt (wer oder was?)
田中さんがいますか。 Tanaka-san ga imasu ka?	Ist Herr Tanaka da?
を o	direktes Objekt (wen oder was?)
部屋を予約しました。 heya o yoyaku shimashita.	Ich habe ein Zimmer reserviert.

Partikel	Funktion
の no	Genitiv (wessen?)
42 号室の鍵 yonjūni gōshitsu no kagi	der Schlüssel von Zimmer 42
へ e	Richtung (wohin?)
どのバスが京都駅へ行きますか。 dono basu ga Kyōto eki e ikimasu ka?	Welcher Bus fährt zum Hauptbahnhof Kyoto?
に ni	1. Zielort (wohin?)
右に曲がってください。 migi ni magatte kudasai.	Biegen Sie bitte nach rechts ab.
6 時に迎えに行きます。 rokuji ni mukae ni ikimasu.	2. Zeitpunkt (wann?) Ich hole Sie um 6 Uhr ab.
お手洗いはどこにありますか。 o-tearai wa doko ni arimasu ka?	3. Ort (eines Zustands) Wo sind die Toiletten?
田中さんにお話ししたいのですが。 Tanaka-san ni o-hanashi shitai no desu ga.	4. indirektes Objekt (wem?) Ich möchte mit Herrn Tanaka sprechen.
で de	1. Mittel (womit?)
バスで行けますか。 basu de ikemasu ka?	Kann man mit dem Bus dorthin fahren?
切符はどこで買えますか。 kippu wa doko de kaemasu ka?	2. Ort einer Handlung (wo?) Wo kann man die Fahrkarten kaufen?
これは何でできていますか。 kore wa nani de dekite imasu ka?	3. Material (woraus?) Woraus ist das gemacht?
3 人で行きます。 sannin de ikimasu.	4. Mengenbegrenzung (zu wie vielen?) Wir fahren zu dritt.

Partikel	Funktion
から kara	1. Ursprungsort (woher?)
バスはどこから出ますか。 basu wa doko kara demasu ka?	Von wo fährt der Bus ab?
8時から9時まで hachiji kara kuji made	2. Zeitbeginn (ab wann?) von 8 bis 9 Uhr
まで made	1. Zielort (bis wohin?)
駅までお願いします。 eki made o-negai shimasu.	Zum Bahnhof bitte.
11時まで jūichiji made	2. Zeitende (bis wann?) bis 11 Uhr

Diskurspartikeln

Sie zeigen an, ob das vorangehende Substantiv aus dem Gespräch schon bekannt ist oder im Kontrast zu etwas anderem steht. Die Diskurspartikeln werden an die Funktionspartikeln angehängt. Die Funktionspartikeln が ga und を o fallen jedoch weg.

Partikel	Bedeutung
は wa	Thema des Gesprächs (was … betrifft)
これは何ですか。 kore wa nan desu ka?	Was ist das?
も mo	"auch"
少し安いのもありますか。 sukoshi yasui no mo arimasu ka?	Haben Sie auch etwas Preisgünstigeres?

Satzendpartikeln

Sie stehen nach dem Prädikat am Satzende und zeigen die Rolle des Satzes im Gespräch bzw. die Einstellung des Sprechers zum Gesagten an.

Partikel	Bedeutung
か ka	Fragesatz
お元気ですか。 o-genki desu ka?	Wie geht es Ihnen?
ね ne	Zustimmungsfrage (nicht wahr?)
きれいな部屋ですね。 kirei na heya desu ne.	Ein schönes Zimmer, nicht wahr?
よ yo	Nachdrücklichkeit
いいですよ。 ii desu yo.	Das ist in Ordnung!

Zähleinheitswörter

Um genaue Mengenangaben zu machen, verwendet man im Japanischen die Zahlen zusammen mit sogenannten Zähleinheitswörtern. Je nach der Beschaffenheit des zu zählenden Gegenstandes muss man ein anderes Zähleinheitswort wählen. Lange dünne Gegenstände wie Bleistifte, Schirme oder Flaschen werden mit 本 hon gezählt. Flache wie Teller, Briefmarken oder Fotos dagegen mit 枚 mai.

Die Mengenangabe kann nach dem Substantiv + Funktionspartikel stehen.

ビールを二本ください。 bîru o nihon kudasai.	Zwei Flaschen Bier bitte.
切符を二枚ください。 kippu o nimai kudasai.	Zwei Eintrittskarten bitte.

Oder aber sie wird zusammen mit der Genitivpartikel の no davor gestellt.

もう二本のビールを開けた。mō nihon no bîru o aketa.	Ich habe noch zwei Flaschen Bier geöffnet.
二枚の切符が必要になる。nimai no kippu ga hitsuyōni naru.	Man braucht zwei Eintrittskarten.

Adjektive

Es gibt zwei Sorten von Adjektiven, die sich in ihrem Wortbildungsmuster unterscheiden: Die **i-Adjektive** und die **na-Adjektive**. I-Adjektive enden alle auf -い -i. Die na-Adjektive nehmen vor einem Substantiv die Endung -な -na zu sich.

Attributiv

Alle Adjektive stehen vor dem Substantiv, auf das sie sich beziehen. I-Adjektive stehen in der Grundform, wie sie auch im Lexikon stehen.

安いホテルを紹介していただけませんか。yasui hoteru o shōkai shite itadakemasen ka?	Können Sie mir ein billiges Hotel empfehlen?

Na-Adjektive nehmen vor einem Substantiv die Endung -な -na zu sich.

きれいな部屋ですね。kirei na heya desu ne.	Es ist ein schönes Zimmer.

Prädikativ

I-Adjektive können im neutralen Stil alleine das Prädikat des Satzes bilden. Im höflichen Stil nehmen sie das Wort です desu zu sich.

遠い。tōi.	Es ist weit.
遠いです。tōi desu.	Es ist weit.

Na-Adjektive brauchen das Wörtchen だ da im neutralen Stil bzw. です desu (sein) im höflichen Stil, um das Prädikat eines Satzes bilden zu können.

あなたのことが好きだ。 anata no koto ga suki da.	Ich mag dich.
あなたのことが好きです。 anata no koto ga suki desu.	Ich mag Sie.

Verben

Es gibt zwei Verbklassen, die sich in ihrem Wortbildungsmuster unterscheiden, die konsonantischen Verben und die vokalischen Verben.

Die **vokalischen Verben** enden alle auf -る -ru. Vor dieser Endung steht ein Vokal.
Die **konsonantischen Verben** enden dagegen immer auf -u. Davor steht ein Konsonant.

Daneben gibt es zwei Ausnahmen, する suru (machen) und 来る kuru (kommen).

Flexionsstufen

Verben werden nicht gebeugt. D.h. es gibt keine speziellen Formen für die verschiedenen Personen (ich, du, er ...). So bedeutet z.B. 行く iku "ich gehe, du gehst, er geht ...".

Die Zeiten, Höflichkeit, Verneinung etc. werden durch Endungen ausgedrückt, die an eine der 5 Flexionsstufen der Verben angehängt werden. Hier sind nur die wichtigsten 3 Stufen dargestellt. Die u-Stufe ist die Grundform, in der die Verben auch im Wörterbuch stehen und wie sie im neutralen Stil verwendet werden.

	konsonantische Verben am Beispiel von 行く ik-u	vokalische Verben am Beispiel von 食べる tabe-ru	する suru	来る kuru
a-Stufe	行か ik-a	食べ tabe-	し shi-	来 ko-
i-Stufe	行き ik-i	食べ tabe-	し shi-	来 ki-
u-Stufe	行く ik-u	食べ tabe-ru	する suru	来kuru

Wichtige Verb-Endungen

Die Verb-Endungen werden jeweils an eine bestimmte Flexionsstufe der Verben angehängt.

Bedeutung am Beispiel 話す hanasu "sprechen"	Verbstufe	Verbendung
höflich, bejaht, Gegenwart 話します hanash-i-masu ich spreche	i-Stufe	ます masu
höflich, verneint, Gegenwart 話しません hanash-i-masen ich spreche nicht	i-Stufe	ません masen
höflich, bejaht, Vergangenheit 話しました hanash-i-mashita ich sprach	i-Stufe	ました mashita
höflich, verneint, Vergangenheit 話しませんでした hanash-i-masen deshita ich sprach nicht	i-Stufe	ませんでした masen deshita
neutraler Stil, bejaht, Vergangenheit 話した hanash-i-ta ich sprach	i-Stufe*	た/だ** ta/da
neutraler Stil, "ich will ..." 話したい hanash-i-tai ich will sprechen	i-Stufe	たい tai

Bedeutung am Beispiel 話す hanasu "sprechen"	Verbstufe	Verbendung
höflich "ich will …" 話したいです hanash-i-tai desu ich will sprechen	i-Stufe	たいです tai desu
neutraler Stil, "ich will nicht …" 話したくない hanash-i-taku nai ich will nicht sprechen	i-Stufe	たくない taku nai
höflich, "ich will nicht …" 話したくないです hanash-i-taku nai desu ich will nicht sprechen	i-Stufe	たくないです taku nai desu
neutraler Stil, verneint, Gegenwart 話さない hanas-a-nai ich spreche nicht	a-Stufe	ない nai
neutraler Stil, verneint, Vergangenheit 話さなかった hanas-a-nakatta ich sprach nicht	a-Stufe	なかった nakatta
verneinte Bitte 話さないで下さい hanas-a-naide kudasai bitte sprechen Sie nicht	a-Stufe	ないでください naide kudasai
neutraler Stil, "… müssen 話さなければ成らない hanas-a-nakereba naranai ich muss sprechen	a-Stufe	なければならない nakereba naranai
höflich, "… müssen 話さなければなりません hanas-a-nakereba narimasen ich muss sprechen	a-Stufe	なければなりません nakereba narimasen
Aufzählung mehrerer Verben; "und" 話して hanash-i-te ich spreche und …	i-Stufe*	て/で** te/de

Bedeutung am Beispiel 話す hanasu "sprechen"	Verbstufe	Verbendung
"Bitte" 話してください hanash-i-te kudasai bitte sprechen Sie	i-Stufe*	て/で** ください te/de kudasai
höflich, "... dürfen" 話してもいいです hanash-i-te mo ii desu sprechen dürfen	i-Stufe*	て/で** もいいです te/de mo ii desu

* Die meisten konsonantischen Verben nehmen eine geschwächte i-Stufe an.
** Endet ein Verb in der Grundstufe auf -ぬ -nu, -む -mu, -ぶ -bu oder -ぐ-gu, wird だ da bzw. で de verwendet.

Die geschwächte i-Stufe der konsonantischen Verben

Bei der geschwächten i-Stufe passt sich die letzte Silbe des Verbs an die Endung, die daran angehängt wird, an.

	u-Stufe	geschwächte i-Stufe	i-Stufe + て/で te/de
-う -u	買う kau	買っ kat	買って kat-te
-つ -tsu	待つ matsu	待っ mat	待って mat-te
-る -ru	乗る noru	乗っ nott	乗って not-te
-く -ku	書く kaku	書い kai	書いて kai-te
-ぐ -gu	泳ぐ oyogu	泳い oyoi	泳いで oyoi-de
-ぬ -nu	死ぬ shinu	死ん shin	死んで shin-de
-む -mu	読む yomu	読ん yon	読んで yon-de
-ぶ -bu	呼ぶ yobu	呼ん yon	呼んで yon-de

Konjunktionen

Konjunktionen stehen am Ende des Nebensatzes. Dieser steht wiederum vor dem Hauptsatz.

Konjunktion	Bedeutung
が ga	aber
すみませんが、ここが開いていますか。sumimasen ga, koko ga aite imasu ka?	Entschuldigung, aber ist hier frei?
から kara	nachdem
ご飯を食べてから、行きましょう。gohan o tabete kara, ikimashō	Lasst uns gehen, nachdem wir gegessen haben.
から kara	weil
遠いから、タクシーで行きます。tōi kara, takushī de ikimasu.	Weil es weit ist, nehme ich ein Taxi.
ので node	weil
雨が降り出したので、駅のキオスクで傘を買いました。ame ga furidashita node, eki no kiosuku de kasa o kaimashita.	Weil es zu regnen begann, kaufte ich am Bahnhofskiosk einen Schirm.
時 toki	als, wenn
道が分からない時、お電話をください。michi ga wakaranai toki, o-denwa o kudasai.	Rufen Sie bitte an, wenn Sie den Weg nicht finden.
前に mae ni	bevor
電車に乗る前に、切符を買わなければなりません。densha ni noru mae ni, kippu o kawanakereba narimasen.	Bevor man in den Zug steigt, muss man eine Fahrkarte kaufen.

Konjunktion	Bedeutung
後で ato de	nachdem
チェックアウトした後で荷物を預かってもらえますか。 chekku auto shita ato de nimotsu o azukatte moraemasu ka?	Kann ich mein Gepäck hier lassen, nachdem ich ausgecheckt habe?
間（に） aida (ni)	während
日本にいる間に、旅行したいです。 nihon ni iru aida ni, ryokō shitai desu.	Während ich in Japan bin, möchte ich eine Reise machen.
たら tara	wenn, falls
バスで行ったらどうですか。 basu de ittara dō desu ka?	Wie wäre es, wenn Sie mit dem Bus fahren würden?
ば ba	falls
時間があれば、京都にも行きたいです。 jikan ga areba, Kyō to ni mo ikitai desu.	Falls ich Zeit habe, möchte ich auch nach Kyōto fahren.

Zähleinheitswörter

Mengen- und Zeitangaben werden gemacht, indem man eine meist sino-japanisch gelesene Zahl mit einem Zähleinheitswort kombiniert. Je nach der Beschaffenheit des zu zählenden Gegenstandes wird ein anderes Zähleinheitswort verwendet.

人	nin, ri	Menschen
本	hon, bon, pon	lange dünne Gegenstände (wie Stifte oder Flaschen)
枚	mai	flache Gegenstände (wie Papier oder Tickets)

台	dai	Elektrogegenstände, Maschinen und Autos
冊	satsu	Bücher
足	soku	Paar Schuhe
個	ko	kleine Gegenstände
階	kai	Etage
番目	banme	Ordinalzahlen
回	kai	Mal

Reisewörterbuch
Deutsch – Japanisch

A

Abend *(früh)* 晩 ban; *(spät)* 夜 yoru;
~essen 晩ご飯 bangohan;
~kasse 当日券売場 tōjitsuken uriba
abends 夜に yoru ni
aber しかし shikashi
Abfahrt 出発 shuppatsu
Abflug 出発 shuppatsu
abholen *(Person)* 迎えに行く mukae ni iku; *(Ding)* 取りに行く tori ni iku
abreisen 出発する shuppatsu suru
abschalten 消す kesu
Abschleppseil ロープ rōpu
Abschleppwagen レッカー車 rekkā-sha
Absender 差出人 sashidashi-nin
Abteilung 部 bu
Adapter コンセントアダプター konsento adaputā
Adresse 住所 jūsho
Akku バッテリー batterī
Alkohol 酒 sake;
~geschäft 酒屋 saka-ya
alle 皆 mina
allein 一人で hitori de
Allergie アレルギー arerugī
alles 全部 zenbu
als *(zeitlich)* 時に toki ni; *(Vergleich)* より yori
alt *(Person)* 年をとった toshi o totta; *(Ding)* 古い furui
Alter 年 toshi
Ampel 信号 shingō
Andenken (お)土産 (o-)miyage
Andenkenladen (お)土産屋 (o-)miyage-ya
anderer 他の hoka no
anders 外に hoka ni
Anfang 始め hajime
anfangen 始まる hajimaru
Anhänger *(Schmuck)* ペンダント pendanto
ankommen 着く tsuku
Ankunft 到着 tōchaku
Anlegestelle 出航場所 shukkō basho
Anmeldung 受付 uketsuke
Anorak アノラック anorakku
anrufen 電話する denwa suru

Anschluss *(Zug)* 乗り継ぎの電車 noritsugi no densha; *(Flug)* 乗り継ぎ便 noritsugi bin
Ansichtskarte 絵葉書 ehagaki
ansteckend 伝染性（の） densensei (no)
Antibiotikum 抗生物質 kōseibusshitsu
antik アンチーク anchīku
Antiquität 骨とう品 kottōhin
Antiquitätengeschäft 骨董屋 kottō-ya
antworten 答える kotaeru
Anwendung 用法 yōhō
Anzahlung 予約金 yoyakukin
Anzeige 届出 todokede
Anzug 背広 sebiro
Apfel りんご ringo; **~saft** りんごジュース ringo jūsu
Apfelsine オレンジ orenji
Apotheke 薬屋 kusuri-ya
Appartement アパート apāto
April 4月 shigatsu
Aquarium 水族館 suizokukan
Arbeit 仕事 shigoto
arbeiten 働く hataraku
arm 貧しい mazushii
Arm 腕 ude; **~band** ブレスレット buresuretto
Ärmel 袖 sode, **kurze ~** 半袖 han sode, **lange ~** 長袖 naga sode
Arzt 医者 isha
Ärztin 女医 joi
Aschenbecher 灰皿 haizara
Asthma ぜんそく zensoku
Atembeschwerden 息苦しさ ikigurushisa
aufhören 終わる owaru
aufschreiben 書き留める kakitomeru
aufwachen 目が覚める me ga sameru
Aufzug エレベーター erebētā
Auge 目 me
Augenarzt 眼科医 gankai
August 8月 hachigatsu
Ausgang 出口 deguchi
ausgezeichnet 優れた sugureta
Ausgrabungen 発掘 hakkutsu
Auskunft *(Büro)* 案内所 annaijo
Ausländer 外国人 gaikokujin
ausmachen *(Licht)* 消す kesu
ausruhen, sich 休む yasumu
äußerlich 外用 gaiyō

Aussicht 景色 keshiki
aussteigen 降りる oriru
Ausstellung 展覧会 tenrankai
Ausverkauf セール sēru
ausverkauft 売り切れ urikire
auswechseln 交換する kōkan suru
Ausweis 身分証明書 mibun shōmeisho
Auto 車 kuruma;
~fähre フェリー ferī

B

Baby 赤ちゃん akachan;
~fläschchen 哺乳びん honyūbin;
~puder ベビーパウダー bebī paudā
Bäckerei パン屋 pan-ya
Bad お風呂 o-furo
Badeanzug 水着 mizugi
Badehose 水泳パンツ suiei pantsu
Bademantel バスローブ basu rōbu
baden 泳ぐ oyogu
Bahnhof 駅 eki
Bahnsteig ホーム hōmu;
~karte 入場券 nyūjōken;
~sperre 改札口 kaisatsuguchi
bald もうすぐ mō sugu
Ball ボール bōru
Bambus 竹 take;
~sprossen 竹の子 take no ko
Bank (*Geld*) 銀行 ginkō;
~überweisung 銀行振り込み ginkō furikomi
Bar バー bā
Bart 髭 hige
Batterie 電池 denchi
Bauch お腹 o-naka
Baumwolle 綿 men
Baumwollkimono 浴衣 yukata
Beanstandung 不満 fuman
bedeuten 意味がある imi ga aru
behindert 体の不自由（な） karada no fujiyū (na)
behindertengerecht 障害者対応 shōgaisha taiō
beige ベージュ（の） bēju (no)
Beilage おかず o-kazu
Bein 足 ashi
bekannt 知られている shirarete iru
belästigen いやがらせをする iyagarase o suru
benutzen 使う tsukau

bequem 心地がいい kokochi ga ii
Berg 山 yama; **~führer** リーダー rīdā; **~schuhe** 登山靴 tozan gutsu; **~steigen** 登山 tozan
Beruf 仕事 shigoto
berühmt 有名（な） yūmei (na)
Besen 箒 hōki
besetzt ふさがっている fusagatte iru
besichtigen 見物する kenbutsu suru
besser もっといい motto ii
Besteck ナイフとフォーク naifu to fōku
bestellen 注文する chūmon suru
besuchen 訪問する hōmon suru
Betrag 金額 kingaku
betrunken 酔っ払っている yopparatte iru
Bett ベッド beddo; **~decke** 掛け布団 kakebuton; **~laken** シーツ shītsu; **~wäsche** シーツ shītsu
bewölkt 曇っている kumotte iru
bezahlen 払う harau; **getrennt ~** 別々に払う betsubetsu ni harau; **zusammen ~** 一緒に払う issho ni harau
Bibliothek 図書館 toshokan
Bier ビール bīru
Bild 絵 e; (*Foto*) 写真 shashin; **~hauer** 彫刻家 chōkokuka
billig 安い yasui
bis … まで … made
bitte (*um etwas bitten*) ください -kudasai; (*beim Anbieten*) どうぞ dōzo
blau 青い aoi; **dunkel~** 紺色（の） kon-iro (no); **hell~** 水色（の） mizu-iro (no)
Blazer ブレザー burezā
Bleistift 鉛筆 enpitsu
blind 目の不自由（な） me no fujiyū (na)
Blume 花 hana
Blumengeschäft 花屋 hana-ya
Blumensteckkunst 生け花 ikebana
Bluse ブラウス burausu
Blut 血液 ketsueki
Bogenschießen 弓道 kyūdō
böse 悪い warui
Botschaft (*ausl. Vertretung*) 大使館 taishi-kan

Boutique ブティック butikku
braun 茶色（の） cha-iro (no)
Brief 手紙 tegami;
~marke 切手 kitte;
~papier 便箋 binsen;
~umschlag 封筒 fūtō
Brille 眼鏡 megane
Brot パン pan;
belegtes ~ サンドイッチ sandoitchi
Brötchen ロールパン rōru pan
Brücke 橋 hashi
Bruder (*der eigene, ältere ~*) 兄 ani, (*der eigene, jüngere ~*) 弟 otōto, (*der ältere ~ eines anderen*) お兄さん o-nīsan, (*der jüngere ~ eines anderen*) 弟さん otōtosan
Brunnen 噴水 funsui
Brust 胸 mune
Buch 本 hon;
~handlung 本屋 hon-ya
Buddhismus 仏教 bukkyō
bunt 派手（な） hade (na)
Burg お城 o-shiro
Bürste ブラシ burashi
Bus バス basu;
~bahnhof バス乗り場 basu noriba
Butter バター batā

C

Café 喫茶店 kissaten
Camping キャンピング kyanpingu
CD CD shī dī
Chrysanteme 菊 kiku
Cocktail カクテール kakutēru
Cola コーラ kōra

D

Dach 屋根 yane
Dämmerung (*abends*) 日暮れ higure; (*morgens*) 夜開け yoruake
danach その後 sono ato
danke どうも dōmo
Datum 日付 hizuke
Decke 毛布 mōfu
denken 思う omou
Denkmal (*Statue*) 記念像 kinenzō; (*Stein*) 記念碑 kinenhi
Deo デオドラント deodoranto
deutsch ドイツの doitsu no;
auf Deutsch ドイツ語で doitsugo de
Deutsche(r) ドイツ人 doitsujin

Deutschland ドイツ doitsu
Dezember １２月 jūnigatsu
Diät ダイエット daietto
dick (*Buch*) 厚い atsui; (*Mensch*) 太っている futotte iru
Dieb 泥棒 dorobō
Dienstag 火曜日 kayōbi
dieser この kono
diesig かすんでいる kasunde iru
Digitalkamera デジタルカメラ、デジカメ dejitaru kamera, dejikame
Donner 雷 kaminari
Donnerstag 木曜日 mokuyōbi
Doppelbett ダブル（ベッド） daburu (beddo)
Dorf 村 mura
dort あそこに asoko ni; **~ hinten** あの奥に ano oku ni
Dose 缶 kan
Dosenöffner 缶切り kankiri
Dosierungsanleitung 用量 yōryō
Draht 針金 harigane
draußen 外で soto de
Drink ドリンク dorinku
drinnen 中で naka de
Drucken 印刷 insatsu
du あなた anata
dumm 馬鹿（な） baka (na)
dünn (*Buch*) 薄い usui; (*Mensch*) 細い hosoi
durstig sein 喉が渇いている nodo ga kawaite iru
Dusche シャワー shawā
Duschgel ボディーシャンプー bodī shanpū
DVD DVD, ディーブイディー dī bui dī

E

echt 本当（の） hontō (no)
Ei 卵 tamago
Eimer バケツ baketsu
einfach 簡単（な） kantan (na)
einfarbig 地味（な） jimi (na)
Eingang 入り口 iriguchi
einkaufen 買い物する kaimono suru
Einkaufspassage 商店街 shōtengai
einladen (*zum Essen, Getränk*) おごる ogoru; (*Fest*) 誘う sasou
einschalten (*Licht*) 点ける tsukeru; (*Heizung*) 入れる ireru
einschlafen 寝る neru

einsteigen 乗る noru
Eis アイスクリーム aisu kurīmu
Elektrohandlung 電気屋 denki-ya
Empfang 受け付け uketsuke
Empfänger 受取人 uketori-nin
Ende 終わり owari
Endstation 終点 shūten
eng (*Raum*) 狭い semai; (*Kleidung*) きつい kitsui
Englisch (*Sprache*) 英語 eigo
auf Englisch 英語で eigo de
er 彼 kare
Erdbeben 地震 jishin
Erdgeschoss 一階 ikkai
Erkältung 風邪 kaze
Ermäßigung 割引 waribiki
Erwachsener 大人 otona
Essen 食べ物 tabemono
essen 食べる taberu; **~ gehen** 食べに行く tabe ni iku
Essstäbchen （お）箸 (o-)hashi
Etage 階 kai
Eurochequekarte ＥＣカード ī shī kādo
Europa ヨーロッパ yōroppa

F

Fabrik 工場 kōjō
Fächer 扇子 sensu
fahren 走る hashiru
Fahrer 運転手 untenshu
Fahrkarte 切符 kippu
Fahrkartenautomat 券売機 kenbaiki
Fahrkartenverkauf 切符売り場 kippu uriba
Fahrplan 時刻表 jikokuhyō
Fahrpreis 運賃 unchin
Fahrrad 自転車 jitensha; **~flickzeug** パンク修理キット panku shūri kitto
falsch 間違っている machigatte iru
Falschgeld 贋札 nisesatsu
Familie 家族 kazoku
Farbe 色 iro
färben 染める someru
Februar ２月 nigatsu
Fehler 間違い machigai
Fenster 窓側 mado; **~platz** 窓側の席 madogawa no seki
Ferien 休み yasumi
Ferienhaus 別荘 bessō
Fernseher テレビ terebi
fertig 出来た dekita
Fest (お)祭り (o-)matsuri
fett 油っこい aburakkoi

feucht じめじめした jimejime shita
Feuer 火 hi;
~löscher 消火器 shōkaki;
~werk 花火 hanabi;
~zeug ライター raitā
Fieber 熱 netsu;
~thermometer 体温計 taionkei
filmen 撮影する satsuei suru
finden 見つける mitsukeru
Finger 指 yubi
Fisch 魚 sakana;
~geschäft 魚屋 sakana-ya
Flasche 瓶 bin
Flaschenöffner 栓抜き sennuki
Fleisch 肉 niku
Flohmarkt 蚤の市 nomi no ichi
Flughafen 空港 kūkō;
~bus 空港リムジンバス kūkō rimujin basu;
~gebühr 空港使用料金 kūkō shiyō ryōkin
Flugzeug 飛行機 hikōki
Fluss 川 kawa
Föhn ドライヤー doraiyā
Foto 写真 shashin;
~apparat カメラ kamera;
~geschäft カメラ屋 kamera-ya
fragen 聞く kiku
Frau 女の人 onna no hito;
~ … *(Anrede)* … さん … san; *(eigene Ehefrau)* 妻 tsuma; *(Ehefrau eines anderen)* 奥さん okusan
frei *(Sitz)* 空いている aite iru
Freilichtmuseum 野外博物館 yagai hakubutsukan
Freiluftbecken *(heiße Quelle)* 露天風呂 rotenburo
Freitag 金曜日 kinyōbi
Freizeitpark 遊園地 yūenchi
Fremdenführer ガイド gaido
Freund(in) 友達 tomodachi
freundlich 親切(な) shinsetsu (na)
Friedhof 墓地 bochi
frieren *(Wetter)* 凍っている kōtte iru
frisch 新鮮(な) shinsen (na)
Frischhaltefolie ラップ rappu
Friseur *(für Frauen)* 美容院 biyōin; *(für Männer)* 床屋 toko-ya
Frisur ヘアスタイル hea sutairu
Frost 霜 shimo
früh 早い hayai
Frühling 春 haru

Frühstück 朝ごはん asagohan; (*japanisches*) 和食 washoku; (*westliches*) 洋食 yōshoku
frühstücken 朝ごはんを食べる asagohan o taberu
Frühstücksbüfett 朝食バイキング chōshoku baikingu
Führerschein 運免許証 unten menkyoshō
Führung 案内 annai
Fundbüro 遺失物取扱所 ishitsubutsu toriatsukaijo
funktionieren 機能する kinō suru
Fuß 足 ashi
Fußgängerzone 歩行者天国 hokōsha tengoku

G

Gabel フォーク fōku
Galerie 画廊 garō
Garderobe クローク kurōku
Garten 庭園 teien; **Botanischer ~** 植物園 shokubutsu-en
Gast （お）客 (o)kyaku
Gebäude 建物 tatemono
geben 渡す watasu
Gebirge 山 yama
Geburtstag 誕生日 tanjōbi
gefährlich 危ない abunai
Gegend 地方 chihō
gegenüber 向かいに mukai ni
gehen 行く iku
gelb 黄色い kiiroi
Geld お金 o-kane; **~automat** ATM, キャッシュコーナー ei tī emu, kyasshu kōnā
Gemälde 絵画 kaiga
Gemüse 野菜 yasai
geöffnet 開いている aite iru
Gepäck 荷物 nimotsu; **~aufbewahrung** 荷物預かり所 nimotsu azukarisho
geradeaus まっすぐ massugu
Geschäft 店 mise
Geschenk プレゼント purezento
Geschirr 食器 shokki
geschlossen 閉まっている shimatte iru
Geschwister 兄弟 kyōdai
Gesicht 顔 kao
gestern 昨日 kinō
gesund 健康にいい kenkō ni ii
Getränk 飲み物 nomimono
Gewicht 重さ omosa
gewinnen 勝つ katsu
Gewürze 香辛料 kōshinryō

giftig 毒のある doku no aru
Gipfel 山頂 sanchō
Glas グラス gurasu
Gleis … 番線 … bansen
Glocke 鐘 kane
Glück 幸せ shiawase
glücklich 幸せ shiawase
Glühbirne 電球 denkyū
Gold 金 kin
golden 金色（の） kin-iro (no)
Grab お墓 o-haka
Grad 度 do
Gräte 魚の骨 sakana no hone
grau グレー（の） gurē (no)
Grenze 境 sakai
Grippe インフルエンザ infuruenza
groß 大きい ōkii
Größe サイズ saizu
grün 緑色（の） midori-iro (no)
Gürtel ベルト beruto; (*Kimonogürtel*) 帯 obi
gut 良い ii

H

haben (*Dinge*) 持っている motte iru
Hafen 港 minato
Hagel あられ arare
halb 半分（の） hanbun (no); (*Uhrzeit*) … 半 … han; **~e Stunde** ３０分 sanjuppun
Halbinsel 半島 hantō
Hals (*äußerer*) 首 kubi; (*innerer*) 喉 nodo; **~tuch** スカーフ sukāfu
halten 停車する teisha suru
Haltestelle (*Bus*) バス停 basu-tei
Hammer ハンマー hanmā
Hand 手 te; **~arbeit** 手作り tezukuri; **~creme** ハンドクリーム hando kurīmu; **~gepäck** 手荷物 tenimotsu; **~schuhe** 手袋 tebukuro; **~tasche** 鞄 kaban; **~tuch** タオル taoru
Handy 携帯電話 keitai denwa
hart かたい katai
Hauptstadt 首都 shuto
Haus 家 ie
Haushaltswaren キッチン雑貨店 kitchin zakka-ten
Haut 皮膚 hifu
Heilpraktiker (*chinesische Medizin*) 漢方医 kanpōi
Heimatmuseum 郷土博物館 kyōdo hakubutsukan

heiraten 結婚する kekkon suru
heiß (*Dinge*) 熱い atsui; (*Klima*) 暑い atsui
heißen 申す mōsu; **ich heiße** ... ... と申します ... to mōshimasu
heiter (*Wetter*) 晴れ hare
Heizung 暖房 danbō
helfen 手伝う tetsudau
hell 明るい akarui
Hemd シャツ shatsu
Herbst 秋 aki
Herd コンロ konro
Herr 男性 dansei; **~** ... (*Anrede*) ... さん ... san
Herz 心臓 shinzō
heute 今日 kyō; **~ Abend** 今晩 konban; **~ Morgen** 今朝 kesa; **~ Nachmittag** 今日の午後 kyō no gogo
hier ここに koko ni
Hilfe 援助 enjo
Himmel 空 sora
hinter 後ろに ushiro ni
Hitze 暑さ atsusa
hoch 高い takai
höflich 丁寧（な） teinei (na)
Höhle 洞くつ dōkutsu
homöopathisch ホメオパシー（の） homeopashī (no)
Honig 蜂蜜 hachimitsu
hören 聞く kiku
Hose ズボン zubon
Hotel ホテル hoteru; **~verzeichnis** 宿泊リスト shukuhaku risuto
hübsch 素敵（な） sutenki (na)
Hügel 丘 oka
Hund 犬 inu
hungrig sein お腹が空いている o-naka ga suite iru
Husten 咳 seki; **~saft** 咳止め seki dome
Hut 帽子 bōshi
Hütte 小屋 koya

I

ich 私 watashi
immer いつも itsu mo
Impfpass 予防接種記録カード yobō sesshu kiroku kādo
in の中に no naka ni
inbegriffen 含めて fukumete
Infektion 伝染病 densenbyō
Information 情報 jōhō
Ingwer 生姜 shōga
innerlich 内服用 naifukuyō
Insel 島 shima
insgesamt 全部で zenbu de

interessant 面白い omoshiroi
Internet インターネット intānetto

J

ja はい hai
Jacke 上着 uwagi
Jahr 年 toshi;
dieses ~ 今年 kotoshi;
letztes ~ 去年 kyonen;
nächstes ~ 来年 rainen
Jahrhundert 世紀 seiki
Januar 1月 ichigatsu
Japan 日本 nihon
Japaner(in) 日本人 nihonjin
japanisch 日本の nihon no;
auf Japanisch 日本語で nihongo de
jetzt 今 ima
joggen ジョギングする jogingu suru
Jogurt ヨーグルト yōguruto
Judo 柔道 judō
Jugendherberge ユースホステル yūsu hosuteru
Juli 7月 shichigatsu
jung 若い wakai
Junge 男の子 otoko no ko
Juni 6月 rokugatsu
Juwelier 宝石屋 hōseki-ya

K

Kabel ケーブル kēburu
Kabuki-Theater (*Gebäude*) 歌舞伎座 kabuki-za (*Vorstellung*) 歌舞伎 kabuki
Kaffee コーヒー kōhī
Kaiser 天皇 tennō;
~palast (*in Kyoto*) 御所 gosho;
~palast (*in Tokyo*) 皇居 kōkyo
Kakao ココア kokoa
Kalligrafie 書道 shodō
kalt (*Dinge*) 冷たい tsumetai; (*Klima*) 寒い samui
Kamm 櫛 kushi
Kampfsportart 武道 budō
Kanister 携行缶 keikōkan
Kapitän 船長 senchō
kaputt 壊れている kowarete iru
Karaoke カラオケ karaoke;
~-Bar カラオケバー karaoke bā
Karate 空手 karate
Karies 虫歯 mushiba
Käse チーズ chīzu
Kasse チケット売場 chiketto uriba
kaufen 買う kau
Kaufhaus デパート depāto

Kaution 保証金 hoshōkin
Kekse (*westliche*) クッキー kukkī; (*japanische*) (お)せんべい (o-)senbei
Kellner ウエーター uētā;
~in ウエートレス uētoresu
Kendo 剣道 kendō
kennenlernen 知り合う shiriau
Keramik 陶磁器 tōjiki
Kerze 蝋燭 rōsoku
Kette ネックレス nekkuresu
Kimono 着物 kimono
Kind 子供 kodomo
Kindererarzt 小児科医 shōnikai
Kino 映画館 eigakan
Kiosk 売店 baiten
Kirche 教会 kyōkai
Kirschblüte 桜 sakura
Kirschblütenschau 花見 hanami
klar 晴れている harete iru
Klebeband セロテープ sero tēpu
Klebstoff 糊 nori
Kleid ワンピース wan pīsu
klein 小さい chīsai
klettern よじ登る yojinoboru
Klima 気候 kikō;
~anlage 冷暖房 reidanbō
Kneipe 居酒屋 izaka-ya
Knie ひざ hiza
Knoblauch にんにく ninniku
Knöchel (*Fuß*) くるぶし kurubushi; (*Hand*) 手首 tekubi
Knochen 骨 hone
Knopf ボタン botan
kochen 作る tsukuru
Koffer スーツケース sūtsukēsu
kommen 来 kuru
Komponist(in) 作曲者 sakkyokusha
Konditorei ケーキ屋 kēki-ya
Kondom コンドーム kondōmu
können できる dekiru
Kopf 頭 atama;
~hörer イヤホーン iyahōn
Korkenzieher コルク栓抜き koruku sennuki
Körper 体 karada;
~lotion ボディーローション bodī rōshon
Kosmetiktücher ティッシュ tisshyu
kosten になる ni naru
krank 病気(の) byōki (no)
Krawatte ネクタイ nekutai
Kreditkarte クレジットカード kurejitto kādo
Kreuzung 交差点 kōsaten
Kuchen ケーキ kēki

Kugelschreiber ボールペン bōru pen
kühl 涼しい suzushii
Kühlschrank 冷蔵庫 reizōko
Kunst 芸術 geijutsu
Künstler(in) 芸実家 geijutsu-ka
Kurve カーブ kābu
kurz 短い mijikai
küssen キッスする kissu suru
Küste 海岸 kaigan

L

lachen 笑う warau
Lachs 鮭、サケ sake
Lackwaren 塗り物 nurimono
Ladegerät 充電器 jūdenki
Ladekabel 充電ケーブル jūden kēburu
Lampe 電気 denki
Lampion 提灯 chōchin
Land 国 kuni; **~karte** 地図 chizu; **~schaft** 風景 fūkei; **~straße** 県道 kendō
Landung 着陸 chakuriku
lang 長い nagai
langsam (*Adverb*) ゆっくり yukkuri
langweilig つまらない tsumaranai
laut うるさい urusai
leben 生きる ikiru
Leder 革 kawa
leer 空(の) kara (no)
legen 置く oku
leicht (*Gewicht*) 軽い karui
Leihgebühr 利用料金 riyō ryōkin
leise 静か（な） shizuka (na)
lernen 習う narau
lesen 読む yomu
letzter 最後（の） saigo (no)
Licht 灯り akari
lieben 愛している ai shite iru
Lift エレベーター erebētā
lila 紫色（の） murasaki-iro (no)
Limonade レモネード remonēdo
links 左側（の） hidari-gawa (no); **nach ~** 左に hidari ni
Loch 穴 ana
Löffel (*chinesicher*) さじ saji; (*westlicher*) スプーン supūn

Luft 空気 kūki;
~feuchtigkeit 湿気 shikke;
~pumpe エアポンプ ea ponpu
Lunge 肺 hai

M

machen (*tun*) する suru; (*herstellen*) 作る tsukuru
Mädchen 女の子 onna no ko
Magen 胃 i
Mai ５月 gogatsu
Maler 画家 gaka
manchmal 時々 tokidoki
Mann 男の人 otoko no hito
Mantel コート kōto
Markt 市場 ichiba
März ３月 sangatsu
Massage マッサージ massāji
Matratze マットレス mattoresu
Mauer 壁 kabe
Maut 料金（所） ryōkin;
~stelle 料金（所） ryōkinjo
Medizin 薬 kusuri
Meer 海 umi
Mensch 人間 ningen
Menü 定食 teishoku
Messer ナイフ naifu
Metzgerei 肉屋 niku-ya
mieten 借りる kariru
Miete (*Wohnung*) 家賃 yachin
Milch 牛乳 gyūnyū
Mineralwasser ミネラルウオーター mineraru uōtā
Missverständnis 誤解 gokai
mit (*Person*) と to; (*Mittel*) で de
Mittag 昼 hiru;
~essen 昼ご飯 hiru gohan
mittags 昼に hiru ni
Mitte 真ん中（の） mannaka (no)
Mittwoch 水曜日 suiyōbi
Mobiltelefon 携帯電話 keitai denwa
modern モダン（な） modan (na)
mögen 好きだ suki da
Monat 月 tsuki; **diesen ~** 今月 kongetsu; **nächsten ~** 来月 raigetsu
Mond 月 tsuki
Montag 月曜日 getsuyōbi
morgen 明日 ashita
Morgen 朝 asa
morgens 朝に asa ni
müde 眠い nemui
Müll ごみ gomi;
~eimer ごみばこ gomibako
Mund 口 kuchi

Münze 硬貨 kōka
Muschel 貝 kai
Museum *(keine Kunst)* 博物館 hakubutsukan; *(Kunstmuseum)* 美術館 bijutsukan
Musik 音楽 ongaku
Muskel 筋肉 kinniku
Mutter *(die eigene Mutter)* 母 haha; *(die eines anderen)* お母さん o-kāsan
Mütze 帽子 bōshi

N

nach *(Richtung)* へ e; *(zeitlich)* の後で no ato de
nachher 後で ato de
Nachmittag 午後 gogo; **am ~** 午後に gogo ni
Nachricht *(Mitteilung)* メッセージ messēji
nächster *(Reihenfolge)* 次の tsugi no; *(räumlich)* 近くの chikaku no
Nacht 夜 yoru
nachts 夜に yoru ni
nackt 裸（の） hadaka (no)
nahe bei … …の近くに … no chikaku ni
Name 名前 namae
Nase 鼻 hana
nass 濡れている nurete iru
Nationalität 国籍 kokuseki
Nationalpark 国立公園 kokuritsu kōen
Naturfaser 自然繊維 shizen sen'i
Naturschutzgebiet 自然保護区 shizen hogoku
Nebel 霧 kiri
neben 隣に tonari ni
nehmen 取る toru
nein いいえ iie
neu 新しい atarashii
Neujahr お正月 o-shōgatsu
nicht …ない …nai
nichts 何も … ない nani mo … nai
nie 一度も … ない ichido mo … nai
niemand 誰も … ない dare mo … nai
Norden 北 kita
normal 普通（の） futsū (no)
Notausgang 非常口 hijōguchi
notwendig 必要（な） hitsuyō (na)
November １１月 jūichigatsu
Nudeln 麺類 menrui
Nummer 番号 bangō
nur … だけ … dake

O

oben 上に ue ni
Obst 果物 kudamono
oder あるいは arui wa
offen 開いている aite iru
oft よく yoku
ohne なしで nashi de
Ohr 耳 mimi;
~ringe ピアス piasu
Oktober １０月 jūgatsu
Öl 油 abura
Oper オペラ opera
Optiker 眼鏡屋 megane-ya
Orange オレンジ orenji
Orchester オーケストラ ōkesutora
Osten 東 higashi
Österreich オーストリア ōsutoria
Österreicher(in) オーストリア人 ōsutoriajin

P

Päckchen 小包 kozutsumi
Packung パック pakku
Papier 紙 kami; (*japanisches*) 和紙 washi
Parfüm 香水 kōsui
Parfümerie 化粧品店 keshōhin-ten
Park 公園 kōen
parken 駐車する chūsha suru
Pause 休憩 kyūkei
Perle 真珠 shinju
Perlenkette 真珠ネックレス shinju nekkuresu
Pfanne フライパン furai pan
Pfeife パイプ paipu
Pfirsich 桃 momo
Pflaster 絆創膏 bansōkō
Pflaume 梅 ume
Pflaumenwein 梅酒 umeshu
pink ピンク（の） pinku (no)
Pinzette 毛抜き kenuki
Plakat ポスター posutā
Plastik プラスチック（の） purasuchikku (no)
Platz 広場 hiroba; (*Sitzplatz*) 座席 zaseki
Polizei 警察 keisatsu
Polizist 警官 keikan
Popkonzert ポップコンサート poppu konsāto
Postamt 郵便局 yūbinkyoku
Poster ポスター posutā
Preis 値段 nedan
preiswert 安い yasui
Problem 問題 mondai
Programm 番組 bangumi

Prospekt パンフレット panfuretto
Proviant お弁当 o-bentō
Puder パウダー paudā
Pullover セーター sētā
Pulver 粉薬 konagusuri
pünktlich 定刻どおり（の） teikoku dōri (no)
Puppe 人形 ningyō
putzen 掃除する sōji suru
Putzmittel 洗剤 senzai

Q

Qualität 品質 hinshitsu
Quelle, heiße 温泉 onsen
Quittung 領収書 ryōshūsho

R

Rabatt 割引 waribiki
Radiergummi 消しゴム keshi gomu
Radio ラジオ rajio
Rasierapparat かみそり kamisori
rasieren 剃る soru
Rasierklinge かみそりの刃 kamisori no ha
Raststätte ドライブイン doraibu in
Rathaus 市役所 shiyakusho
rauchen タバコを吸う tabako o suu
rechnen 計算する keisan suru
Rechnung 請求書 seikyūsho
rechts 右側（の） migigawa (no); **nach ~** 右に migi ni
Regen 雨 ame; **~zeit** 梅雨 tsuyu
reich 金持ち（の） kanemochi (no)
Reihe 列 retsu
Reinigung (*Geschäft*) クリーニング屋 kurīningu-ya
Reis (*ungekocht*) 米 kome; (*gekocht*) ご飯 gohan; **~cracker** せんべい senbei; **~schale** お椀 o-wan
Reise 旅行 ryokō; **~führer** (*Buch*) ガイドブック gaido bukku; **~pass** パスポート pasupōto; **~tasche** 旅行鞄 ryokō kaban
Reißverschluss ジッパー jippā
Reklamation 苦情 kujō
reparieren 修理する shūri suru
reservieren 予約する yoyaku suru

Restaurant レストラン resutoran
Rettich 大根 daikon
Rezept (*Arzt*) 処方 shohō
Rezeption フロント furonto
richtig 正しい tadashii
Richtung 方向 hōkō
Ring 指輪 yubiwa
Rock スカート sukāto
roh 生 nama
Rollstuhl 車椅子 kuruma-isu
Rolltreppe エスカレーター esukarētā
rosa 桃色（の）momo-iro (no)
rot 赤い akai; (*dunkelrot*) 臙脂色（の）enji-iro (no)
Rotwein 赤ワイン aka wain
Rücken 背中 senaka
Rückfahrt 帰り kaeri
Rückflug 帰りの便 kaeri no bin
Rucksack リュックサック ryukkusakku
Ruderboot 手こぎボート tegoki bōto
rufen 呼ぶ yobu
ruhig 静か（な）shizuka (na)
rund 丸い marui
Rundfahrt 遊覧コース yūran kōsu

S

Saal ホール hōru
Sache こと koto
Safe 金庫 kinko
Saft ジュース jūsu
sagen 言う iu
Sake お酒 o-sake
Sakko ブレザー burezā
Salat サラダ sarada
Salbe 塗り薬 nurigusuri
Salz 塩 shio
Sammlung コレクション korekushon
Samstag 土曜日 doyōbi
Sand 砂 suna; **~strand** sunahama
Sänger 歌手 kashu
satt sein お腹がいっぱいだ o-naka ga ippai da
sauber 清潔（な）seiketsu
sauer すっぱい suppai
Säugling 乳児 nyūji
Säule 柱 hashira
Sauna サウナ sauna
Schaffner 車掌 shashō
Schal マフラー mafurā
Schalter (*Licht*) スイッチ suitchi; (*Zug*) 窓口 madoguchi; (*Airline*) カウンター kauntā
scharf 辛い karai
Schatten 影 kage

Schaufenster ショーウインドー shō uindō
Schauspieler 俳優 haiyū
Schauspielerin 女優 joyū
Scheckkarte キャッシュカード kyasshu kādo
schenken あげる ageru
Schere はさみ hasami
schicken 送る okuru
Schiebetür 障子 shōji
Schiff 船 fune
Schild 看板 kanban
schimpfen 叱る shikaru
Schirm 傘 kasa
Schlafanzug パジャマ pajama
schlafen 寝ている nete iru
Schlafsaal ドミトリー domitorī
Schlafsack 寝袋 nebukuro
Schlafwagen 寝台車 shindai-sha
schlank 細い hosoi
schlecht 悪い warui
Schließfach コインロッカー koin rokkā
Schloss (*Gebäude*) お城 o-shiro
Schlucht 峡谷 kyōkoku
Schlüssel 鍵 kagi
Schmuck アクセサリー akusesarī
schmutzig 汚れている yogorete iru
Schnee 雪 yuki
schneiden 切る kiru
schnell 速い hayai
Schnupfen 風邪 kaze
Schokolade チョコレート chokorēto
schon もう mō
Schrank タンス tansu
schreiben 書く kaku
Schreibwarengeschäft 文房具屋 bunbōgu-ya
Schrein 神社 jinja
Schuhe 靴 kutsu
Schuhgeschäft 靴屋 kutsu-ya
Schule 学校 gakkō
Schulter 肩 kata
schwanger 妊娠している ninshin shite iru
schwarz 黒い kuroi
Schweiz スイス suisu
Schweizer(in) スイス人 suisujin
schwer 重い (*Gewicht*) omoi
Schwert 刀 katana
Schwester (*die eigene, ältere ~*) 姉 ane, (*die eigene, jüngere ~*) 妹 imōto, (*die ältere ~ eines anderen*) お姉さん o-nēsan, (*die jüngere ~ eines anderen*) 妹さん imōtosan

schwierig 難しい muzukashii
Schwimmbad プール pūru
schwimmen 泳ぐ oyogu
Schwimmweste 救命胴衣 kyūmei dōi
Schwindel めまい memai
schwitzen 汗を掻く ase o kaku
See (*der See*) 湖 mizūmi
seekrank 船酔い funayoi
sehen 見る miru
Sehenswürdigkeiten 見所 midokoro
sehr とても totemo
Seide 絹 kinu
Seife 石けん sekken
Seil ロープ rōpu; **~bahn** ロープウエー rōpu uē
seit … … から … kara
Selbstbedienung セルフサービス serufu sābisu
September 9月 kugatsu
Service サービス sābisu
Serviette ナプキン napukin
Shampoo シャンプー shanpū
Shintoismus 神道 shintō
Shorts 半ズボン han zubon
sicher 安全(な) anzen (na)
Sicherheitsgurt 安全ベルト anzen beruto
Sicherheitsnadel 安全ピン anzen pin
Sicherung ヒューズ hyūzu
sie 彼女 kanojo
Sieg 勝ち kachi
Silber 銀 gin
silbern 銀色(の) gin-iro (no)
Silvester 大晦日 ōmisoka
singen 歌う utau
Sitz 差席 saseki
sitzen 座っている suwatte iru
Skulptur 像 zō
Slip パンツ pantsu
SMS SMS esu emu esu
Socken 靴下 kutsushita
Sohn 息子 musuko
Sojasauce しょうゆ shōyu
Sommer 夏 natsu
Sonderangebot お買い得品 o-kaitokuhin
Sonne 太陽 taiyō
Sonnenaufgang 日の出 hi no de
Sonnenbrille サングラス san gurasu
Sonnencreme 日焼け止めクリーム hiyake dome kurīmu
sonnig 晴れ(の) hare (no)
Sonntag 日曜日 nichiyōbi

Spannung, elektrische 電圧 denatsu
spät 遅い osoi
Spaziergang 散歩 sanpo
Spezialität 名物 meibutsu
Spiegel 鏡 kagami
Spiel (*Sport*) 試合 shiai
spielen 遊ぶ asobu; (*Ballsport*) する suru
Spielfilm 映画 eiga
Spielplatz 子供の遊び場 kodomo no asobiba
Spielzeug おもちゃ omocha
Sport 運動 undō; **~geschäft** スポーツ用品店 supōtsu yōhin-ten
Sprache 言語 gengo
sprechen 話す hanasu
Spritze 注射 chūsha
Spülmittel 洗剤 senzai
Stadion 競技場 kyōgijō
Stadt 町 machi; **~teil** 区 ku; **~tor** 市門 shimon; **~zentrum** 町の中心街 machi no chūshingai
stark 強い tsuyoi
Steckdose コンセント konsento
Stecker プラグ puragu
stehen 立っている tatte iru
Stempel 印 in
Stern 星 hoshi
Stich 虫刺され mushisasare
Stiefel ブーツ būtsu
Stockwerk 階 kai
stornieren キャンセルする kyanseru suru
Störung (*Belästigung*) 迷惑 meiwaku
Straße 通り tōri
Straßenbahn 電車 densha
Streichhölzer マッチ matchi
Strümpfe 靴下 kutsushita
Strumpfhose パンティストッキング panti sutokkingu
Student(in) 学生 gakusei
studieren 勉強する benkyō suru
Stufe 段 dan
Stuhl 椅子 isu
Stunde 時間 jikan
Sturm 嵐 arashi
stürmisch 大荒れ（の） ōare (no)
Sturz 落下 rakka
suchen 探す sagasu
Süden 南 minami
Sumo 相撲 sumō
Supermarkt スーパー sūpā
süß 甘い amai
Swimmingpool プール pūru
Synthetik 合繊繊維 gōsen sen'i

T

T-Shirt Tシャツ tī shatsu
Tabak タバコ tabako
Tabakwarengeschäft タバコ屋 tabako-ya
Tablett 盆 bon
Tabletten gegen … … に効く錠剤 … ni kiku jōzai
Tag 日 hi
Tagesausflug 日帰り higaeri
Taifun 台風 taifū
Tal 谷 tani
Tampon タンポン tanpon
Tankstelle ガソリンスタンド gasorin sutando
Tanz (*traditionell japanisch*) 舞踏 butō
Tasche 鞄 kaban
Taschenlampe 懐中電灯 kaichū dentō
Taschenmesser ペンナイフ pen naifu
Taschenrechner 電卓 dentaku
Taschentuch (*Stofftaschentuch*) ハンカチ hankachi; (*Papiertaschentuch*) ティッシュ tisshyu
Tasse カップ kappu
taub 耳の不自由（な） mimi no fujiyū (na)
tauchen ダイビングする daibingu suru
tauen 溶ける tokeru
Taxi タクシー takushī; **~stand** タクシー乗り場 takushī noriba
Tee (*grüner*) お茶 o-cha; (*schwarzer*) 紅茶 kōcha; **~löffel** ティースプーン tī supūn; **~schale** 茶碗 chawan; **~zeremonie** 茶の湯 cha no yu
Teich 池 ike
Telefon 電話 denwa; **~nummer** 電話番号 denwa bangō; **~zelle** 公衆電話 kōshū denwa
Teller （お）皿 (o-)sara
Tempel (お)寺 (o-)tera
Temperatur 気温 kion
Tennis テニス tenisu
teuer 高い takai
Theater 劇場 gekijō
Thermalbad 温泉 onsen
Thermosflasche 保温水筒 ho'on suitō
Ticket 航空券 kōkūken
Tier 動物 dōbutsu
Tisch 机 tsukue
Toast トースト tōsuto
Tochter 娘 musume

Tofu 豆腐 tōfu
Toilette お手洗い o-tearai, toire
Toilettenpapier トイレットペーパー toiretto pēpā
Tomate トマト tomato
Topf 鍋 nabe
Töpferei 陶芸 tōgei
Töpferware 焼き物 yakimono
Tor (*Stadttor*) 門 mon; (*Treffer*) ゴール gōru
tot 死んでいる shinde iru
Touristeninformation 観光案内所 kankō annaisho
tragen 持つ motsu
treffen, sich 会う au
Treppe 階段 kaidan
Trichter じょうご jōgo
trinken 飲む nomu
Trinkwasser 飲み水 nomimizu
trocken 乾燥した kansō shita
Tropfen (*Medizin*) 水薬 mizugusuri
Tropfsteinhöhle 鍾乳洞 shōnyūdō
tun やる yaru
Tür ドア doa
Turm 塔 tō
Tüte 袋 fukuro

U

U-Bahn 地下鉄 chikatetsu
Übelkeit 吐き気 hakike
überall どこでも doko demo
übermorgen あさって asatte
übernachten 泊まる tomaru
übersetzen 訳す yakusu
Überweisung 振込み furikomi
Uhr 時計 tokei;
~armband 腕時計のバンド udedokei no bando;
~macher 時計屋 tokei-ya
um … … に … ni
Umgebung 近郊 kinkō
Umkleidekabine 更衣室 kōishitsu
umsonst (*gratis*) 無料 muryō; (*vergeblich*) 無理 muri
umsteigen 乗り換える norikaeru
umtauschen 交換する kōkan suru
Umweg 回り道 mawarimichi
und と to; (*~ dann*) そして soshite
unentschieden 引き分け hikiwake
Unfall 交通事故 kōtsū jiko
ungefähr くらい kurai
Universität 大学 daigaku

unten 下に shita ni
unter 下に shita ni
Unterhemd アンダーシャツ andā shatsu
Unterschrift サイン sain
Unterwäsche 下着 shitagi
Urlaub 休み yasumi

V

Vase 花瓶 kabin
Vater (*der eigene ~*) 父 chichi, (*der ~ eines anderen*) お父さん o-tōsan
vegetarisch 精進（料理） shōjin (ryōri)
Ventilator 扇風機 senpūki
verabreden, sich 約束する yakusoku suru
Verbandskasten 救急箱 kyūkyūbako
verboten 禁止されている kinshi sarete iru
verdorben 傷んだ itanda
vergessen 忘れる wasureru
verhaften 逮捕する taiho suru
verheiratet 結婚している kekkon shite iru
Verlängerungsschnur 延長コード enchō kōdo
verletzen, sich 怪我をする kega o suru
Verletzung 怪我 kega
verlieren (*Sport*) 負ける makeru
Verlobte(r) 婚約者 konyakusha
Verspätung 遅れ okure
verstehen 分かる wakaru
versuchen 試す tamesu
viel たくさん takusan
Visitenkarte 名刺 meishi
voll 一杯 ippai
von から kara
vor … … 前に … mae ni; **~kurzem** この間 kono aida
Voranmeldung 予約 yoyaku
vorgestern おととい ototoi
Vormittag 午前 gozen
vormittags 午前の gozen no
vorne 前に mae ni
Vorort 郊外 kōgai
Vulkan 火山 kazan

W

Waggon 車両 sharyō
Währung 通貨 tsūka
Wald 森 mori
wandern ハイキングする haikingu suru

Wanderweg 登山道 tozan michi
Wandschirm 屏風 byōbu
warm 暖かい atatakai
warten 待つ matsu
Wartesaal 待合室 machiai shitsu
warum なぜ naze
Waschbecken 洗面器 senmenki
waschen 洗う arau; (*Wäsche*) 洗濯する sentaku suru
Wäschetrockner 乾燥機 kansōki
Waschmaschine 洗濯機 sentakuki
Waschmittel 洗剤 senzai
Wasser 水 mizu, (*heißes*) お湯 o-yū; **~fall** 滝 taki; **~hahn** 蛇口 jaguchi; **~kocher** 電気ポット denki potto
Watte コットン kotton; **~stäbchen** 綿棒 menbō
wechselhaft 変わりやすい kawariyasui
Wechselstube 両替所 ryōgaejo
Wecker 目覚まし時計 mezamashi dokei
Weg 道 michi
weh tun 痛い itai
weich やわらかい yawarakai
Weihnachten クリスマス kurisumasu
Wein ワイン wain
weiß 白い shiroi
Weißwein 白ワイン shiro wain
Welle 波 nami
wenig 少し sukoshi
wer 誰が dare ga
Werkstatt 修理工場 shūri kōjō
Werkzeug 工具 kōgu
Westen 西 nishi
Wetter 天気 tenki
Whisky ウイスキー uisukī
wichtig 大切（な） taisetsu (na)
wie (*Art und Weise*) どのようにして dono yō ni shite
wie viel いくら ikura
wiederholen 繰り返す kurikaesu
Wind 風 kaze
Winter 冬 fuyu
wir 私達 watashitachi
wissen 知っている shitte iru
wo どこに doko ni
Woche 週 shū, (*lang*) 週(間) shūkan; **diese ~** 今週 konshū; **letzte ~** 先週 senshū; **nächste ~** 来週 raishū

wohnen 住んでいる sunde iru
Wolke 雲 kumo
Wolle ウール ūru
Wort 単語 tango
Wörterbuch 辞書 jisho
Wunde 傷 kizu
Wurst ソーセージ sōsēji

Z

Zahl 数 kazu
Zahn 歯 ha;
~arzt 歯医者 haisha;
~bürste 歯ブラシ haburashi;
~pasta 歯磨き hamigaki;
~seide デンタルフロス dentaru furosu;
~stocher 爪楊枝 tsumayōji
Zange ペンチ penchi
Zehe 足の指 ashi no yubi
Zeichnung スケッチ suketchi
zeigen 見せる miseru
Zeit 時間 jikan
Zeitung 新聞 shinbun
Zelt テント tento
zelten キャンピングする kyanpingu suru
Zertifikat 証明書 shōmeisho
Zeuge 目撃者 mokugekisha
ziemlich かなり kanari
Zigarette タバコ tabako
Zigarre 葉巻 hamaki
Zimmer 部屋 heya, (*im japanischen Stil*) 和室 washitsu, (*im westlichen Stil*) 洋室 yōshitsu
Zweibettzimmer ツイン tsuin
Zirkus サーカス sākasu
Zitrone レモン remon
Zoo 動物園 dōbutsu-en
Zucker 砂糖 satō
Zug 電車 densha
Zunge 舌 shita
zurückgeben 返品する henpin suru
zusammen 一緒に issho ni
Zusammensetzung 成分 seibun

F

G

H

I

J

K